中学数学
听评课实践研究

ZHONGXUE SHUXUE TINGPINGKE SHIJIAN YANJIU

胡学平　刘义杰 / 著

安徽师范大学出版社
· 芜湖 ·

责任编辑:孔令清
装帧设计:北京中尚图文化传播有限公司

图书在版编目(CIP)数据

中学数学听评课实践研究 / 胡学平,刘义杰著.—芜湖:安徽师范大学出版社,2016.7
ISBN 978-7-5676-2493-1

Ⅰ.①中… Ⅱ.①胡…②刘… Ⅲ.①中学数学课—教学研究 Ⅳ.①G633.602

中国版本图书馆CIP数据核字(2016)第116106号

中学数学听评课实践研究

胡学平　刘义杰　著

出版发行:安徽师范大学出版社
芜湖市九华南路189号安徽师范大学花津校区　邮政编码:241002
网　址:http://www.ahnupress.com/
发 行 部:0553-3883578 5910327 5910310(传真) E-mail:asdcbsfxb@126.com
印　刷:安徽芜湖新华印务有限责任公司
版　次:2016年7月第1版
印　次:2016年7月第1次印刷
规　格:710mm×1000mm 1/16
印　张:12
字　数:170千
书　号:ISBN 978-7-5676-2493-1
定　价:28.50元

序

听评课是一种最直接、最具体、最有效的研究如何提高课堂教学质量的方法和手段,是教师互相学习、切磋教艺、研究教学的重要措施。它可以优化教师的教育思想和课堂教学理念,有利于激励教师加快知识更新、优化教学方法;有利于教师深化研究学科课程,优化教学目标和教学内容;有利于教师创造性地吸收优秀的教学模式,优化教学方法和教学手段;有利于调动教师的教学积极性和主动性,优化教学过程和教学设计;有利于教师增强自我管理意识,帮助和指导教师不断总结教学经验,提高教育教学水平,从而促进教师在教学过程中追求课堂教学的艺术境界,并逐渐形成自己独特的教学风格。它还可以使教师的教学理念在听、评、议中升华,教学研究能力在听、评、议中加强,教育教学技巧和艺术在听、评、议中不断形成。在倡导大力开展校本教学研究的今天,大力开展听课、评课活动,研究并改进教学中存在的问题显得尤其重要。

就一般的听评课而言,听评课的目的有三个:一是对课堂教学的优劣作出鉴定;二是对课堂教学成败的原因作出评析,总结经验教训,提高教学认识;三是对课堂教学亮点进行交流,相互学习,相互促进。安徽省特级教师胡学平老师和马鞍山市教育科学研究院数学教研员刘义杰老师在共同主持省级课题"中学数学听课与评课案例研究"的过程中,带领一批省特级教师、市学科带头人和市骨干教师,以案例研究为抓手,通过丰富鲜活的教学案例及点评,特别是给出了中学数学听评课的四个评价维度和十六个视角,为中学数学教师开展听评课提供了有效指导。参与本书撰写的作者大多数是教学一线的优秀教师，本书内容是他们的听评课心得或亲身教学感悟，是紧密联系课堂教学实际的“接地气”力作，具有较强的可读性和可操作性，是教师研究教学、业务培训的理想读物。

安徽师范大学数学计算机科学学院教授

2016年4月

目 录

第一章 概论

听评课是一种最直接、最具体、最有效的研究如何提高课堂教学质量的方法和手段，也是教师互相学习、切磋教艺、研究教学的重要措施，还是教研部门特别是学校领导了解教师教学情况的重要方法之一。在倡导大力开展校本教学研究的今天，积极开展听课、评课活动，研究并改进教学中存在的问题显得尤其重要。然而，在传统的教学理念中，教学被认为是传授知识，而教学过程往往成为以教师活动为主、“教师讲、学生听，教师说、学生记”的过程，所关注的是教师的教，从而教学评价把评价教师活动作为重点；并且由于听课者既不参与课堂教学，也不直接参与教学内容的学习，通常被认为是与教学不发生直接关系的人员，因而在听课前无充分准备，听课过程中也就无视学生的课堂活动、不重视收集学生课堂反馈信息。这样的听评课显然是有悖于课程改革精神的，无法起到应有的教学研究效果。因此，必须依照现代教学理念，革新听课与评课活动。

第一节　中学数学听评课的意义及作用

教学既是一门科学，又是一门艺术。教学的科学性和艺术性构成了课堂教学的二重性。苏霍姆林斯基指出：如果你想让教师的劳动能够给教师带来乐趣，使天天上课不至于变成一种单调乏味的义务，那你就应当引导每一位教师走上从事研究这条幸福的道路上来。

数学作为一门逻辑性非常强的学科，也应该讲究教学语言的艺术技巧。数学教师在教学过程中，要将抽象、严密的逻辑推理过程直观形象地表现出来。教学的艺术性，即教学的形象创造性。教学艺术是优化教学的一整套娴熟的教学技能和技巧，是教师运用语言直观形象地结合教材，创设教学情境，遵循教学规律,灵活运用教学方法,实现教学任务的各种素养的总和。

作为一名中学数学教师,要想尽快走向成熟并掌握这门艺术,首先必须具有教育科研意识,即对教育活动有追求和探索的意识。运用教育科学理论指导教育活动的自觉,是对所从事的教育活动的一种清晰而完整的认识。

记得在一次教研活动中,我国一位著名数学家在介绍空间的维度拓展能为人类的发展带来意想不到的收获时,有人提出不好理解请给出简单示例,他便说:一维空间的直线,其上一点就可以把一条直线分为左右两部分,使其无法重合,但是如果这个问题在平面上我们就可以绕过该点使其重合;二维空间是平面,在平面上画一条直线就可以把平面上的点分为两部分,两部分点也没有办法重合,但是如果在三维空间就可以跳出该平面,使两部分点重合;以此类推,空间的拓展会给我们解决问题提供新的方法和思路。这一简单而明了的说明既给我们解答了空间的维度,又为我们指出了维度增加带来的好处,同时提出了解决问题的办法。因此,作为一名中学数学教师,要想顺利走上教学成功的道路,就必须形成和优化教学理念、加强教研能力、掌握教学技能和技巧、提高业务水平,不断的听课和评课无疑是途径之一。简单的培训只是为他们在理论上搭建了一个很大的框架,并不一定很充实,而这种充实需要不断的实践。对于新教师,科学的听课、有重点的记课、专心的评课,是最好的实践培训方法。听评课既是教研活动,又是科研活动,同时也是教育同行中教材分析、教法研究、教学经验交流的一种形式,是人际间的群体活动,具有教学诊断、协调角色、沟通意见、融洽感情、评价考核的功能。因此,它在教学实践和教学理论之间架起了一座桥梁;对教师而言,可借以挖掘潜力,激励进取,培养良好的教学风气,从而提高教师的教学技能、技巧,完善教师的创造性课堂。

如今教师成长的渠道有很多,如书本、网络和各种各样的培训等,但我们认为,这些渠道都没有现场观摩教学过程更加直接、更有收获。比如,顾冷沅曾经说过,他教书的学校是一所农村中学,上数学课时,一台手扶拖拉机路过的轰鸣声很快取代了教室里教师上课的声音,怎么办?他想到,这是因为上课时教师教学并没有完全吸引学生。因此,在上课时,要让学生体会到学习的必要性,首先要让学生体会到这节课学习的必要性。如在教授《三角形全等》这节课时,他拿着一个只有一条完整的边和两个角的破玻璃镜,问同学们有没有办法为他配一个和他用的一样大小的新镜子。……这是一个大家都非常熟悉的例子。如今我们的课堂上,仍然会出现这种情况,如窗外的雨水、雪花、太阳和汽车的喇叭声等很容易取代教师上课的讲课声。这个例子告诉我们,一定要找到让学生认真听课而不受课堂外的嘈杂声干扰的办法。事实上,借鉴别人就是一个很好的办法,而实现这一办法的最佳路径就是通过听课从中吸取经验为我用之。

要想听好一节课就必须事前做好充分的准备。比如,知道这节课讲什么,如果我要去讲,准备怎么讲?别人讲完了,我有哪些体会?可以借鉴的是什么?例如,在一次《平行线等分线段》教学中,课堂上,教师发给每位同学一根线,让同学们将线段两等分、三等分、四等分,同学们很快完成了。接下来教师又让同学们将线段五等分、七等分……,这时学生就感觉到迷茫。此时,教师提出:请大家拿出一张草稿纸将其多次对折,展开后折痕成一组等距离的平行直线,然后将线段的两端拉直压在两条平行线上,这时,分别找出线段与其他平行线的交点,再测量其长度,看看有何关系。通过测量,同学们发现每相邻的两点间的距离恰好是所需的等分。最后,学生用数学语言给出平行线等分线段定理。通过这节课我们感受到:①教师在这节课的准备上是非常充分的;②问题的给出是非常自然的,因为等分问题是日常生活中的常见问题;③巧妙地利用简单的教具,充分让学生体会了数学来源于生活,同时又高于生活;④让学生通过生活实践总结归纳出数学原理,为今后所用。另外,在二分法的教学中,我们可以通过猜价格游戏,设计出零点存在原理的教学引入环节,或设计出等差数列前 n 项和的倒推思想教学环节等。这样我们就能汲取经验,丰富教学,走上快速成长的道路。

综上所述,一个教师要成长得快速,磨练得成熟,就必须在基础知识和基本素养具备的前提下，沉下心来，多思考多行动。一是多开课，让别人来听课，认真听取听课者的意见，尤其是在别人指出自己的不足时，不要觉得别人在找毛病、挑刺等，要想到这是别人在帮助自己成长，机会难得。二是多听课，不要认为听课耽误时间，或自己工作忙没时间，事实上听一节课很重要。如果是一节成功的课，我们应该想一想，成功的原因是什么？这个成功的经验我们可以借鉴哪些方面？如果是一节不算成功的课，我们也应该想一想，这节课之所以不算成功其原因是什么？哪个教学环节还有待改善？如果我们是授课教师，那么应该怎么改变？三是评课一定要主动，不要怕说错，因为“教无定法”是教学中的常用术语，否则全国所有的教学任务就可以交给各类名师的光盘来完成，不必再需要我们这样的教育工作者了。

第二节 当前听评课存在的问题

听评课是中小学教学常规的重要组成部分，它不仅是教研活动中的一项重要内容，也是促进教学观念更新、教学经验交流、教学方法探讨、教学水平提高的重要途径。听课并非是一件轻而易举的事，相反地，在一定程度上可以说是一门复杂的艺术，它不仅要求你用耳朵去听、用眼睛去看，更重要的是用心去思考。然而，当前中小学听评课存在不少问题，有些是方式方法上的，也有些是观念认识上的。正视和解决这些问题，使听评课走向专业化迫在眉睫。

一、开课者的错误想法

很多教师喜欢听同行的课，但却排斥同行来听自己的课。主要原因首先是开课者思想上不愿接受新方法，教学无计划，随意性强。开课对于他们而言是一种负担，他们不想承受评价所带来的心理重压，故开课就流于形式，敷衍了事。其次是开课者认为同行之间要“留一手”，这是同事之间的无序竞争、缺乏合作导致的。听这样的课，实效性当然不好，久而久之，听课者就缺少评课的欲望。

二、听课者的认识误区

听课是提高教师业务水平和课堂教学效果的有效途径。同时，听课既是一门学问，又是一门艺术。若听课者认识有误区，那评课的效果也大打折扣。

1. 无意识、无深度

长期以来，教师只重上课、轻听评课，所以教师听评课的积极性比较差，评课的水平自然就偏低。部分教师尤其是青年教师害怕听评课，参与的积极性也不高。原因之一是教师自信心不足，听课前没有认真钻研教材、教法，无准备、无习惯、无意识；原因之二是多数教师认为评课是领导和教研人员的事情，若自己班门弄斧，会被人笑话；原因之三是缺乏专家的引领指导，不懂得评课的技巧。平时的评课多数是领导发言，教师主动参与不足，也无意识参与，从而导致评议平淡肤浅，或泛泛而谈，缺乏深度。

2. 任务式、形式化

任务式、形式化的听评课以完成规定的听评课任务为前提，即为听评课而听评课，缺少责任心、主动性。其表现有三：一是迫于学校或上级教育部门的听评课指标和考核，临时抱佛脚，在检查前突击地听几节课，或者是闭门造车，找同事的听课笔记抄一下。检查时，大部分停留在量的指标或形式的考查上，究竟听的深度怎样、效果如何，却很少有人问津、考查，听课者把自己当做是一个旁观者，而非参与者。二是听课时不尊重开课者的劳动，做一些与听课无关的事情。比如听课时拖拉迟到，随意闲谈，随意接听、拨打电话，这些都影响开课者的教和学生的学。三是评课时经常出现以下情景：要么一边倒，第一个人说了好，后面几乎大部分人都跟着讲好，很少有人能真正提出有价值的、实质性的意见；要么沉默不语，总是他推你让，尽量保持缄默，生怕说多、说错了有碍面子、有失面子；要么一言堂，评课时由教研员或专家把持，专家云大家亦云,多数人只是看客或听众。

3. 分离式、疏离化

(1)教与学的疏离。由于上级教育主管部门对学校领导和教师的听评课都有明确的指标和考核要求,这样就促使授课教师和听评课教师都把它当做形式上的任务来完成,从而导致教与学的分离。听评课教师的目光大都聚焦在授课教师身上,主要观察授课教师的言谈举止,如教学目标的引入呈现、教学内容的组织安排、教学方法的选择运用、教学媒体的合理利用,而对学生的学习效果关注不够。授课教师将公开课当做不得不完成的任务,只管讲授,没能充分发挥学生的主观能动性,对学生掌握拓展性知识的程度、学习兴趣的激发和创新意识的培养关注较少,也缺乏对优等生和学困生的关注。课堂气氛"清汤寡水",对评课者吸引力不够,特别是评课者也附带着应付的心态,这样评课自然就缺少专业性。

(2)自我与授课教师分离。有些教师对待听评课抱着事不关己的心态,缺乏反观内省的思想,把自我与授课教师割裂开来,学到的仅是别人课堂教学之浅表,并非别人课堂教学之精髓,其借鉴与运用往往也只是"复制""粘贴"别人的课堂教学,从而不能领会听评课应有的教育价值。

4. 盲目性、随意化

(1)听评课前无准备。听课者之前不了解授课教师,也不了解听课班级学生的特点,因此难以把握授课教师的教学意图。一般来说,听评课应明确三个问题:一是从哪些方面(关键要素)听评课,二是依据什么标准(评价工具)听评课,三是按照什么思路和方法(如何观察学生、观察教师)听评课,即明确听评课要"听什么""怎样听""听课班级学情怎样"等问题。盲目的听评课遑论有这些思考了。

(2)听评课过程中无问题导引。听评课过程中,很少有教师能带着具体的问题和研究目的来听。在苏霍姆林斯基看来,听评课应着重关注以下九个问题,即:①听谁的课,何时去听,听多少课?②教师的课有没有明确的目的,目的是否达到？③为了学习什么知识点以及如何检查学生的掌握情况？④是否在教给学生怎样学习？⑤在学习新教材过程中，学生的脑力劳动如何？⑥知识是否得到发展和深化？⑦是否让全体学生都掌握了牢固的知识？⑧教师应当怎样布置家庭作业？⑨在分析课的过程中，如何进行概括？盲目的听评课多数是记录授课教师的板书，且大多是对教学内容、知识点流水账式的记录，至于上述问题则不在其关注的范围。

(3)听评课无计划性、无选择性。一是听评课时间不均衡。有些教师为了应付检查，听评课的时间大多集中在开学前两周和学期后两周，中间很少有听评课记录。二是听评课的课型和学科分配不均衡。在选择听评课类型、年级、班级、授课教师等方面，没有表现出明确的选择意图，听评同年级同学科的课较多，非同年级同学科的课则较少。

5.选择性、势利性

(1)教师容易产生一种惯性思维，认为听课就是听自己专业的课，对于其他学科的听课活动则退避三舍，理由是别的学科的课听不懂。其实，教学艺术是不分学科的，教学方法和教学思想更应该是相通的。跨学科听课，听课者可以学习其他学科教师教学的长处，以便在自己的教学中横向联系、综合运用。特别是听自己所教授班级的课，便可了解本班学生在其他学科教学中的表现，对学生形成更加全面的认识。“他山之石，可以攻玉”，其他学科某些方面的成功之处，也是值得听课者学习借鉴的。

(2)多数教师认为，只有听优秀教师的课、教学水平高的教师的课才会对自己有益。其实，优秀教师的课固然有较多借鉴之处，但听普通教师的课可能对自己更好。因为水平高超的课离自己较远，而同类水平的课有助于自省自己，对比其中的优缺点，在互相交流中认真分析、找出对策，这样既帮助了授课教师，也提高了自身的教学水平。

参考文献

[1]B.A.苏霍姆林斯基.给教师的建议[M].杜殿坤,译.北京:教育科学出版社,1984.

[2]甘幼芬.浅谈数学教学的艺术性[EB/OL].(2014-11-26)[2015-10-05].http://wenku.baidu.com/link?url=PE0cmIQJmt0iUSvQcU- D0FcGyqCEUFL- 5ems-Sqpnvuu6TosH98Oe4G7XbvzacKcx8yBXKBsWhFRXtDZ0Id_oZOBTYxsEPj-IE-hQzigwvWceWu.

[3]陈友尧.浅谈听、评课活动在教师成长中的意义[EB/OL].(2012-05-23)[2015-10-03].http://www.jxteacher.com/yh/column7692/eb8e9636-4b634cb7-bceb-3962beb836d2.html.

[4]章文夫.简析听评课活动存在的问题及对策[J].教师,2010(11):17.

[5]沈毅,崔允漷.课堂观察:走向专业的听评课[M].上海:华东师范大学出版社,2008.

[6]陈大伟.怎样观课议课[M].成都:四川教育出版社,2006.

第二章

怎样听课

课堂教学是教育教学工作的重要手段,也是教学研究的重要内容。听评课是校本教研的重要形式,是教师互相学习、切磋教艺、研究教学的重要措施,是提高课堂教学质量的重要方法和手段。参与者互相学习,主动观察和思考,并且平等对话,相互交流,共同提高。在倡导大力开展教学研究的今天,认真开展听评课活动,研究并改进教学中存在的问题显得尤其重要。会不会听课、能不能听好课、怎样听课,关系到听课的质量和常规教学质量,更关系到课程改革持续有效地深入开展。

第一节　听课的概念及意义

一、什么是听课

听课是教师凭借眼、耳、手等自身的感官和大脑思考以及有关的辅助工具,从课堂情景中获取相关的信息资料,从感性认识到理性认识的一种学习、评价及研究的教育教学方法。听课也是一种技能,听课者一方面应具备一定的教学修养和经验,另一方面应掌握一定的听课技术要领,要以一定的教育思想和经验为基础,以看、听、想、记和谈等多种听课活动协调为保障。听课不是目的,而是手段,是教学研究的重要手段,也是教师相互交流、相互学习和促进教师自我反思的重要途径。

二、听课的意义

听课是一项能让授课者与听课者双方受益的活动。通过听课活动,授课教师能有机会不断改善教学方式,提高课堂教学质量,升华课堂管理艺术;而对于听课者来说，在发现别人缺点的同时，也可以增长自己的业务知识，更为重要的是可以汲取众人之所长为自己所用。听课活动是教学管理的一个重要环节，是强化教学管理的有力措施。搞好听课这一有益教学的群体性活动，对教学管理而言能收到多方面的作用。

1. 听课有利于促进教师的专业化发展

教师在课堂教学中往往意识不到自己的教学行为，通过听课不仅可以学习别人的经验，吸取别人失败的教训，用别人的方法指导自己的教学，更主要的是可以对自己的教学进行反思和研究，将一些听课得到的感性认识归纳为理性认识，发现自己教学中的不足，通过取长补短、相互交流，改进自己的教学，共同提高。

2. 听课有利于教师的教学诊断

课堂教学是学校教学工作的主要阵地，是学校教学质量和教师教学水平最基本的体现形式。反映教学质量和教学水平高低的方式很多，但课堂教学是基础和前提。授课教师对新课程理念的理解和运用，对课堂教学的驾驭水平以及教学中的经验和不足，都可以通过听课得到基本的诊断。

3. 听课有利于先进教学经验和方法的总结和推广

通过听课可以发现一部分先进的教学理念、教学方法和教学经验等，经过思考分析及论证总结，就可以组织观摩课等听课学习活动，推广其理念方法和经验等。新课程改革对教师提出了更新、更高的要求，教师要想适应新课程的要求，就需要培训和学习，而最有效、最直接、最经济的学习方式就是听课。教师可以通过听课活动学习那些先进的理念、方法和经验，结合自己的教学实际进行思考和吸收，促进自己成长和提高。

4. 听课有利于学校良好教学风气的形成

教学是一门艺术，授课教师需要具备一定的教学技能，并不断进行研究、创新，这也是学校良好教学风气形成的根本要求。所以，听课有利于学校良好教学风气的形成，能促使教学改革深入有效地开展。

第二节 听课的类型及特点

听课目的也就是听课动机。不同的听课目的决定了不同的听课类型,不同的听课类型又决定了不同的听课方式。按照听课目的划分,可把听课分为六种类型。

一、学习取经型听课

学习取经型听课的目的是了解和学习兄弟学校的教学改革动态、教学改革方法,用于指导本校、本人的教学工作。听课时,要做到以下几点:

(1)虚心好学。即抱着虚心的态度,坚持认真学习,取人之长,补己之短。同时,也要尽可能做到课上听课与课下请教结合起来。

(2)认真观察。对每一个环节都要进行研究分析,以获取系统的经验。

(3)正确对待。特别是在取经学习过程中,即使对方的教学出现某些失误,也不应评头论足,而要从中吸取教训,以完善自己的教学。

二、帮助指导型听课

帮助指导型听课的目的在于发现教师课堂教学问题,帮助教师在分析教材、处理教材、了解学生、选择教法、设计教学等方面进行剖析透视,找出问题和原因,帮助教师改进教学方法。这是为了提高教师队伍的整体素质和课堂教学水平而进行的一种听课形式。听课时,要做到以下几点:

(1)听课目的明确。听课过程中,要明确帮助指导的目的和内容。比如,是帮助教师提高课堂教学效果,还是帮助教师减轻学生负担等,以便有针对性地解决实质性问题。听课前,要做好调查研究,认真分析诊断,制订计划,确定具体方法。

(2)听课态度诚恳。听课者要以诚心实意的态度投入到听课的整个过程中,特别要注意表达指导意见时的诚恳态度。不仅要善于发现授课教师在教学中存在的问题,更重要的是要告诉教师在授课的每一个环节上应该怎么做会更好,对青年教师更应如此。

(3)工作务实。听课者在帮助授课教师过程中,要务实、求实。特别是以培养骨干教师或提高青年教师教学水平为目的的听课,要从备课、上课、布置和批改作业、课外辅导等教学全过程的每一个环节具体指导。

三、考查考核型听课

考查考核型听课的目的是为了对教师在业务能力考核、优质课评选、晋级考核、评定职称等时候做出比较客观的鉴定意见。这是为了比较深入、确切地了解一个教师的基本素质(包括教态、语言、板书、课堂组织能力等)、教学能力(对教材的理解、挖掘的程度和教育教学理论的应用程度)、教学特点及个人的教学风格而采取的一种听课形式。听这种课的特点是要按照有关规定的具体要求,客观、公正、不带任何框框,评议要秉公而论,结论力求准确。

四、总结推广型听课

目的是帮助有建树的教师总结推广他们的教学经验,以树立教学典型。要求听课者善于发现教师教学的独到之处(包括教师本人尚未发现的自身独特的教学方法或能力),能够帮助教师将自身的感性经验上升为理性认识,找到规律性的东西,当然也应发现教师存在的不足,促进教师专业能力的进一步提升。这是提高广大教师,特别是提高青年教师教学水平的重要途径。

这种性质的听课,应注意以下几个方面:

(1)要善于发现典型。即授课教师的教学经验应该体现教学思想和教学方法的先进性,推广之后能起到示范作用。

(2)要善于总结。通过听课,不仅要起到帮助他们总结经验的作用,而且要善于在听课中发现问题,并以诚恳的态度提出问题后进行商讨,以使教学经验更趋完善。

(3)要注意确定方向。对于所发现的典型,要根据教学改革的主体方向进行认定。如在总结课堂教学模式改革方面的成功经验时,就应该围绕实施素质教育的方向去研究、分析、总结。

(4)要注意不能武断决定。听课时应邀请有经验的专家、学者、优秀教师共同参与,以保证对经验认定的准确程度,避免由于个人武断而造成不必要的过失。

(5)要注意听课过程的完整性。不管对发现的典型经验有什么看法,都应该对其进行认真分析研究,讨论这个经验的价值,避免因个人看法有异而半途而废。特别是部分教师的教学经验虽具有一定特点,但还不够成熟,更应完整地对其了解、认识、分析、总结,以帮助他们尽快总结出完整、实用且有推广价值的教学经验。

五、调查研究型听课

调查研究型听课是上级主管部门或学校对教学工作或根据某一方面的问题、专题进行的以调查研究为目的的听课。该类型听课有助于了解学校和教师的课堂教学及学生的学习状况,帮助查找、分析学校和教师教学中存在的问题及原因,为改善学校教学提供第一手资料。

调查研究型听课具有以下特点:

(1)针对性强。所组织的听课主要围绕一个问题或一个专题进行。

(2)涉及面大。调查研究型听课涉及的学校、教师、班级面要大,以便从整体上了解情况,掌握较多的第一手资料,为决策提供有效证据。

(3)形式灵活。可以是调查组中几个人同时听一节课,也可以是分散同时听几节课。

六、检查评估型听课

检查评估型听课的目的在于检查学校或教师执行课程标准的情况，了解学校或教师的教学思想、教学态度、教学方法以及学生的学习情况。这是教育教学的领导机构组织的对学校和教师，或学校组织的对教师的教学工作，进行检查评估的听课活动。这种类型的听课，因具体的检查目的不同，往往采用不同的听课形式。

(1)单一形式。这种形式适用于因学生对某些教师的教学工作反映强烈而采取的听课。目的在于检查了解教师的教学态度，督促其改进教学工作，因而可事先不通知教师本人。

(2)集中形式。这种形式适用于对某一年级或某一学科进行教学检查时的听课，以便于进行同级或同学科教学情况的对比分析。

(3)抽查形式。这种形式适用于上级部门对学校整体教学工作检查时的听课。抽查比例视具体情况而定，抽查方式可以是随机抽查，也可以是由学校指定一定比例。检查人员随机抽查一定比例，抽查范围应涉及所有年级的所有学科。

(4)统一形式。这种形式适用于学校对全体教师进行教学检查时的听课，也适用于上级主管部门对一所学校进行全面检查时的听课。

第三节　听课的主要活动

课堂教学是教与学、师与生的互动，所以听课既要观察教师的“讲”，也要观察学生的“学”。听课的主要活动可归纳为“四听”“两看”“一想”。

一、"四听"

(1)听教学过程。具体而言就是,上课听教师是怎样复习旧知识的,是怎样引入新知识的,是怎样讲授新课的,是怎样巩固新课知识的,是怎样结尾的,以及学科知识的讲授是否正确,是否讲在点子上,重点、难点是否突出,讲解详略是否得当。

(2)听教学语言。课堂教学活动多是通过教师的教学语言传递信息的,因而要听教师的语言是否科学准确、言简意明,是否生动有趣、富有感染性,是否具有激励性,引导是否得当,组织是否到位以及课堂随机应变的艺术性等。

(3)听教师的思维启发。如在教学中教师是怎样提出问题的,是怎样组织学生讨论问题的,是怎样启发学生思维的,是怎样进行学法指导的。

(4)听学生回答。通过听学生回答问题、讨论问题、提出问题的发言,甄别教学目标的达成情况和学生智慧的生成情况。

二、"两看"

(1)看教师主导作用发挥得如何。具体是指,教师是否精神饱满,教态是否自然亲切,板书是否合理分明,教学手段的运用是否熟练科学,教法选择是否恰当,教学活动情境的创设是否有效,学生学习指导是否得法,对学生出现问题的处理是否巧妙,是否关注全体学生。同时,从中观察教师关注的是自己的"教",还是学生的"学";关注的是少数学生,还是全体学生;关注的是学生的知识学习,还是促进学生的成长发展。

(2)看学生主体作用发挥得如何。具体是指,从整个课堂气氛看,学生是否情绪饱满、精神振奋,学生在课堂上是被动接受还是主动学习,各个层次的学生是否都乐于参与学习活动,学生活动时间是否恰当,师生的情感是否交融,学生的解答和表现如何,教师设计引导的活动对学生起到了怎么样的效果,教与学是否呼应等。叶澜教授曾说过:评价一堂课的成功与否,关键是看学生对讲课的反应与参与度。学生主体性得以良好调动，是一节课成功的根本体现。

三、“一想”

听课要边听、边看，还要边想。单纯的听和看只能停留在表面现象上，需要透过现象想本质。例如，在一节数学课上，教师完成概念教学的引导分析后，学生很快在书本上将黑体的概念用笔划出，教师却提出要学生分组讨论，进行探究，五分钟后由学生拿起课本读出其概念。这个环节课堂气氛似乎很活跃，学生“聊”得热火朝天，回答准确，也是现在很“热门”的教学环节，但这样的安排究竟有多少探究的成分，又有多少效果？再如，教师提问，如果教师提出的问题一个接一个，大多数同学的答案脱口而出，课堂气氛很活跃，这很可能是问题过于简单，缺乏思维含量，没有阶梯难度。若教师提出的问题有一定的难度，而回答的学生一答一个准，且语言流畅，这是不是就好呢？这可能有三种情况：一是学生对问题已事先准备好，二是回答问题的学生都是成绩好的，三是问题难度相对于学情较低。这三种情况都不会使学生有较大的收获。如果一个问题提出后，开始无人回答，但看得出来学生在思考；过了一会儿，有的学生脸上露出了有所领悟的表情，回答问题的学生渐渐多起来了，这才是一种最佳的教学效果，从中我们可以观察到学生从不懂到懂、从不会到会、从不熟练到比较熟练的学习过程。

第四节　不同人员的听课要领

一、教师听课

听课是教师进行日常教研的常规性活动，一般属于学习取经型听课。

1. 认真做好听课前的准备

课的性质有示范课、观摩课、研讨课等，课的类型有新授课、实验课、练习与讲评课等。不同版本的教材对知识点的安排、不同学校甚至不同班级的学生学情等都有一定的不同，所以听课前需要了解教师上课的教学进度和教学内容，了解授课内容的知识体系，先自主分析其重点和难点等。课前自己可以对这个课题做一个初步的分析，勾画出自己对本节课的教学设想和实施环节，然后结合自己上课的不足及困惑，有针对性地听课。

2. 及时转换听课角色

(1)进入“学生”的角色。同是坐在教室里听课，教师听课与学生听课是有很大差别的。首先，听课的目的和任务不同。其次，已有的知识结构和水平有很大不同。再次，心理认知能力也有不同。由于教学是一种学习活动，本质上是学而不是教，而且教师活动是围绕学生的学习活动而展开的，因此在关注教与学双边活动时，更要关注学生的活动。听课者必须首先有意识地转变角色，要使自己处于“学”的情境中，这样就能较多地关注到学生的“学”。从学生的角度去反思教师的教学是否兼顾课程标准和学生实际，去看教师怎样教、怎样处理教学内容、怎样引导、如何组织，去想学生如何能听得懂、能探究、能应用、能掌握。

(2)进入“教师”的角色。仅仅进入学生角色是不够的，听课教师真正的角色毕竟不是学生，听课也不是直接吸取知识，而是看授课教师是怎么授课的，这就需要根据授课的内容和进程，使自己进入授课教师的角色，处于“教”的情境中。听课者要设身处地地考虑：这堂课如果是自己讲授，该如何设计？然后将授课者的教法与自己的构思进行比较。当听课者进入教师的角色时，就能较多地关注到课堂教学目标的呈现方式，教学情境创设和新课导入的方式，探究活动的设计情况，学生对新课内容和已有知识的整合情况，学生通过设计的练习使所学知识得以迁移巩固的情况，良好课堂教学氛围的营造情况等。

(3)进入“学习者”的角色。听课者在听课中要抱着虚心学习的态度，去发现授课者的长处、课堂教学中的闪光点以及对自己有启迪的东西，做到取长补短，努力提高自己的业务水平。我们普通教师在听课时应该是审美者而不是批评家，要多学习授课者的长处、闪光点，为我所用。从这个角度讲，听课教师不仅要用美的眼光去感受授课者的仪态美、语言美、板书美、直观教具美等外在的美，还要去领略授课者如何通过精巧的思维、严密的推理、严肃的实证来充分展示科学的理性美，更要用心去体会授课者教学过程中的尊重、发现、合作与共享，这也是更高境界的美，值得我们永远去追求和学习。

3. 认真关注授课技巧

听课时，听什么？怎么听？笔者认为应关注以下几个“点”。

(1)关注知识点。听课前，我们首先要自己先清楚这节课的内容有哪些知识点，然后再听取授课教师如何讲授知识点，如何采取有效的方式引起学生的好奇心并激发学生的学习动机，怎样通过简明、准确、生动的语言呈现知识内容，如何安排知识点的讲授时间和处理相互间的过渡，怎样对知识点进行训练与巩固。

(2)关注重点与难点。重点知识是一节课要着重强调或训练的，是对今后学习影响较大或起着承前启后作用的结论和规律。听课时，我们要仔细揣摩授课教师上课时的用意和方法。教学难点是指大部分学生难以理解、掌握、运用的内容。我们要看授课教师的点拨艺术、暗示艺术、启发艺术，如何通过新旧知识间的联系来突破难点。新教师上课往往容易忽略这两个方面和学生的实际知识储备。

(3)关注疑点和兴趣点。一个有经验的教师，很容易发现学生在上课时的疑点，并能及时调整教学进程并解决疑点，听课者要善于捕捉教师的这种灵感与技巧。兴趣点是指学生感兴趣的知识、方法或实验。对于一节课，教师如果只是简单地把知识呈现出来，则学生很难记住。通过兴趣点可以吊起学生的胃口，可以设置成悬念引领学生完成一节课的学习，如通过课前的小故事，或者风趣幽默的语言、诙谐的形象激起学生上课的兴趣。这些是教师在教学中积淀的精髓,能反映一个教师教学的基本功。

(4)关注一节课的亮点。亮点是一节课最有特色的或者最能反映教师教学风格的地方。它或是课堂结构的严谨,或是问题设计的灵活,或是课堂练习设计的巧妙,或是教学语言的准确到位,体现了教师的教学思想和教学技能。发现其亮点,就是找到自己学习之处。

(5)关注板书点。多次听新教师的课,就会发现他们板书面面俱到,边写边擦,下课时什么也没有。一般来说,板书要详略得当、重点突出,起到提纲挈领的作用。主板和副板要层次分明、脉络清晰,特别是一些学科配上适当图形、符号点缀,不仅能突出重点难点,还能引导学生由形象思维向抽象思维过渡,对培养学生思维起到一定作用。特别指出的是,板书要在课堂小结时起到画龙点睛作用。

(6)关注小结点。编框编篓,贵在收口。课堂中的小结可以对一节课起到收尾作用。好的小结能把散乱的知识汇集起来,适当的知识概括能帮助学生消化、吸收课堂知识。新教师听课时,可以好好比照,自己是否常常忽略课堂最后一两分钟的时间,或者小结只有形式,缺乏有效的概括和提升作用。

二、教研员听课

听评课是教研员的一项基本功,是一种行之有效的研究课堂教学的重要方法。教研员要走进课堂,通过听课发现教师教学中存在的问题及发展状态,更好地"把脉问诊",制订科学合理的教研活动计划,有针对性地帮助教师提高业务水平。所以,教研员听课集管理、诊断、评估、指导、研究、沟通、交流、鼓励多项功能于一体,在很大程度上影响着教师课堂教学的规范和改革以及教师的专业化发展。听课虽然不像上课那样需要精心策划、严密组织,但要听出特点,抓住实质,却非易事。

1. 明确听课目的

就听课目的而言,教研员的听课一般属于以下几种类型:学习取经型听课、帮助指导型听课、总结推广型听课、调查研究型听课、考查考核型听课、检查评估型听课等。听课中,可以根据教学目标、教学方法、师生互动、教学效果、教学基本功等多方面进行观察,再结合听课目的进行有侧重点的综合评价。

2.有准备地听课

教研员听课、评课要高屋建瓴,做到理论与实践有机融合,宏观上把握,微观上突出,既能指出错误与缺点,也能拿出正道与妙方。因此,要在听课前做好充分准备,既要有当前的准备,也要有长期的准备。

(1)掌握教育教学的最新理论,了解新课改的动态和本学科教学的发展趋势,包括课程教材、课程安排、教学策略、教学模式、教学手段、教学评价等方面。用现代教育教学理论指导教学实践,就能听得有广度,说得有深度,评得有高度。

(2)熟悉本学科课程标准,把握教材编排意图、知识体系和教材内容的重难点。

(3)深入细致地思考本节课的教学目的、教学方法、重难点的处理方法,结合自己的教学经验,有针对性地把握教学的主线和方法,做好自己上本节课的预设,以使为所听的课提供对比。

(4)了解上课教师的基本情况,如年龄、教龄、任课情况、教学特点、师生对他的评价等,便于更加客观全面地了解教师的教学设计和教法。

(5)了解听课班级的特点,如学生的素质、学习态度和学习习惯等,了解课程进度。

三、校领导听课

校领导听课是学校领导了解和掌握教学情况的最直接、最具体、最有效的方法,是帮助和指导教师提高业务素质水平及促进专业发展的有效途径,也是学校领导管理教学工作的基本手段。

1. 主要目的

(1)促进教师的专业化发展;

(2)了解课堂教学常规状况,加强教师队伍建设;

(3)观察教学教研动态。

因而,这就决定了以促进教学管理为目标的校领导听课主要类型是帮助指导型、调查研究型以及检查评估型。

2. 主要方式

听课方式一般有以下三种:

(1)通知听课。即先打招呼,再听课。其做法是听课前先向授课教师打招呼,让其做好准备。这大多是一种总结了解性听课,目的在于了解和掌握该教师平时积累的教学经验和一个阶段的教改情况。

(2)推门听课。这种方式的听课是课前不通知教师,在上课前突然走进教室,或者在临上课时才向教师打招呼。这是一种检查了解性听课,目的在于真正了解一个教师的教学水平和工作态度。这种听课能督促教师上好每一节课。尤其对那些学生和家长意见大的、教学成绩差的教师的课,采取这种听课方式有一定的促进作用。

(3)跟进听课。这多是指导性听课,目的是帮助教学能力较低的教师提高教学能力,适应教学需要。当然,有时为了培养典型教师也开展这项工作。

3. 角色定位

校领导听课时要准确定位自己的角色:“指导者”角色,“管理者”角色,“合作者”角色,“促进者”角色。这样,听评课过程中既能抓住授课者先进的教学理念、教学风格和长处,又能准确地发现授课者的失当和不足,在归纳概括的基础上形成对授课者改进和提高的建议,为授课者做好指导性评议,促进教师的专业成长。同时,通过授课教师的实际授课,对教师的工作态度、责任心乃至业务水平等诸方面做出分析,抓住那些富有典型性和普遍性的问题,以此作为学校做决策的依据。

4. 环节完整

听课前要有准备，听课时要有关注，听课后要有交流。

(1)听课前要有充分的准备。主要从以下三个方面做好工作：

一要确定听课范围。做到既要听青年教师的课，也要听中老年教师的课；既要听骨干教师的课，也要听一般教师的课；既要听考试学科的课，也要听考查学科的课。

二要明确听课内容。要严格把握各学科教学进度，确保学校正常教学秩序，做到不改变教学计划，不随便调整教学内容，是听概念课、复习课还是听实验课、讲评课等，事前要确定再安排听课。

三要清楚听课目的。如果是推门听课，则可提前几分钟到教室外等候教师，告知听课；如果是其他目的，则可提前与授课教师沟通，再确定一同听课的相关人员，提前进入教室。

(2)听课时要有明确的关注点。校领导听课根据其目的，主要做好以下三个“关注”：

一要关注课堂教学的过程和效果。听课中应注意观察授课教师的教学思路与设想，如果要听他是怎样逐步达到设想的，那么就要做到“四看”：看教学目标的设定是否具体，达成情况如何；看教学方法是否灵活，能否调动学生参与；看教学活动组织得是否紧凑，是否合乎学生的认知规律；看教学反馈是否及时，效果如何。

二要关注教学常规的检查。与一般教研活动的听课不同，教学管理目标下的听课不能仅限于就课论课，尤其是一些推门听课，更加需要重视教师教学常规的规范检查。课堂只是教育教学的一个阵地，在课堂之外做的很多工作对教育教学同样发挥着重要影响。如教师的备课情况、教学设备准备情况、教师对学生的作业批阅辅导状况、教师上课准时到堂情况等，都需要进行一定的了解，这样才能更好地起到管理的功效。

三要关注教师的专业成长与发展。教学管理的一个基本目标就是促进教师的专业成长。这种关注不是简单地评说教师的基本功和基本素养，而是要结合课堂教学，以发展的视角对教师的教学潜质、专业追求、风格形成、课堂教学突出问题的解决等方面给教师以指导和帮助。

(3)听课后要有必要的反馈交流。由于一般授课教师很在意管理层的评价，所以听课后必须进行反馈交流。一般来说，对批评促进的尽可能采取个别式交谈为主，而对于表扬肯定的可以采用公开式点评，以更好地加以激励。当然，作为管理者，评课要客观、有理有据，避免以个人或不恰当的观点强加于人。

5. 注意的问题

校领导听课，尽管以教师的提升、学校的发展为目标，但在实际生活中却容易遭到教师的抵触和不满。究其原因，固然来自管理层与任课教师两个方面，但追根溯源，其主要原因还是来自管理层的听课者本身。所以说，应避免出现以下几种现象：

(1)应付差事。为了完成听课的任务而进行听课，没计划、没目的、没准备，听不出重点，评不出意见。这样的听课，一没有指导性，二没有总结性，三没有理论性，只能降低领导者的威信，是很不可取的。

(2)不懂装懂。作为教学管理部门的领导，不管个人的学识水平怎样，不可能对每个学科都精通。在听非本专业课程时，应该着重观察课堂组织、教学方法和教学效果，专业上可以多依赖教研组长或多听其他学科教师的共同意见，不要不懂装懂，指手画脚讲起来没完没了，不得要领。这样可能会闹出笑话，遭到其他教师的轻视，降低自己的威信。

(3)固执己见。因为不同的人对教材的处理都有不同的认识和方法，要听出一节课尤其是非本专业的课的内涵，就不能把“我”放在前面，不能以“我”的想法为准则，不能有半点不同意见就予以排斥。

(4)厚此薄彼。以教学管理为目标的听评课应尽可能考虑到不同的学科、不同的教师。对需要跟进听评课的教师或者快速培养的教师可以适当地多听，但不宜总是听几个优秀教师的课，而很少去听一般教师的课，尤其是不去听不被注意的教师的课；或主课听得多，副课听得少，造成一种不平衡；也不能总是将其他教师与心目中的优秀教师进行对比，否则会难以发现他人的优点，这也不利于调动广大教师的积极性，同时也容易使教学管理工作出现死角。

参考文献

[1]孙文海. 校长如何听课[J]. 教书育人·校长参考，2013(5)：24-25.

[2]戚此添. 浅谈新教师如何听课[J]. 新课程，2015(10)：213.

[3]周彬. 课堂观察：听评课的常识与理论[EB/OL]. (2015-01-28)[2015-11-10]. http://www.360doc.com/content/15/0128/17/14070959_444506547.shtml.

[4]李煜. 教研员如何听课评课[J]. 广西教育(B版)，2010(6)：17-18 .

第三章

怎样评课

听课是教师互相学习、互相交流、共同提高的重要方式，也是了解一位教师教学情况的最直接方式。评课是教师对课堂教学的评析活动，是课堂教学教科研的重要环节，是课堂教学成果再生的重要途径。客观而科学的点评能帮助和引领教师总结教学经验，转变教育观念，改进教学方式，提升教育素养，提高教师对教育教学的再认知、再升华，进而提高参与听评课教师的教学水平，促进教师的专业成长。

第一节　评课的基本内容

评课就是依照课堂教学目标，围绕课堂教学的有效性，针对构成课堂教学各过程要素及其发展变化而进行的价值判断。评价的目的不是为了证明什么，而是为了发现、学习、改进和完善，即发现课堂教学中的闪光点，学习课堂教学中的有效性规律，改进和完善教师的教学行为。

根据评课的功能性指向，常见的评课形式有日常的诊断式评课(年轻教师“青蓝工程”的评课)、研讨式评课(校内外主题研讨的评课)及考核评比时的鉴定或评判式评课(职称评定的考评课或教学比赛类的评课)等。不同形式的评课的具体目的、具体对象、具体环境不同，致使相应的评课内容及侧重点也不尽相同，然而依据与课堂教学的有效性相关联的要素，评课内容的出发点及落脚点应该涵盖以下几方面。

一、评教学思想

教学思想是教学行为的灵魂，它支配着教学活动，是教学价值观的体现。教学思想不仅决定着教学行为的方向，还影响教学效果的好坏。现代课堂教学是教与学的双边活动，谋求的是教学相长。我们反对“填鸭式”、灌输式教学，反对重知识、轻能力、忽视德育的教学。教师在评课时应当联系教育方针、政策法规、现代教育的价值取向和相关的教学理论，结合教学过程中暴露出来的实际问题，有根据地进行评析。这样做，一方面是宣传正确的教学思想，另一方面也能让授课人心服口服，达到评课的应有效果。

二、评教学态度

如果说教学思想决定着教学行为的方向，那么教学态度就决定着教学行为的努力程度。教学态度是否严谨认真，主要从以下两个方面来看：一是教师在教学设计时，对教材、课标及学情是否研究透彻、把握准确。如果教学目标不够明确具体、过高或过低，重难点把握不准，教学内容的内在逻辑结构不清楚，出现知识性错误等，那么这首先是一个教学态度问题，是教师课外的工夫下得不够深造成的。二是课前准备是否充分。如果对教案不熟悉，出现课堂表现慌乱、上课时丢三落四、明显的教学遗漏等现象，那么这就属于课前准备不充分。

三、评教学目标

教学目标是教学的出发点和归宿，它的正确制订和达成是衡量一堂课好坏的尺度之一，所以评课首先要评教学目标。

1. 从教学目标制订来看

要看教学目标的制订是否全面、具体、适宜。“全面”是指要从知识技能、数学思考、问题解决、情感态度等四大方面进行制订；“具体”是指知识目标要有量化要求，能力、思想情感目标要有明确要求，体现学科特点；“适宜”是指确定的教学目标能以课标为指导，体现学段、年级、单元教材特点，符合学生年龄特点和认识规律，难易适度。

2. 从目标达成来看

要看教学目标是不是明确地体现在每一个教学环节中，教学手段是否都紧密地围绕目标为实现目标服务；还要看课堂上重点内容的教学时机是否准确，重点内容的教学时间是否得到保证，重点知识和技能是否得到巩固和强化。

3. 从评教材处理来看

评析一节课，不仅要看教学目标的制订和落实，还要看授课者对教材的组织和处理。我们在评析教师的一节课时，一要看教师知识教授得是否准确、科学；二要注意分析教师在教材处理和教法选择上，是否突出了重点，突破了难点，抓住了关键；三要看教学目的的确定是否明确、全面，有针对性、导向性；四要看教学重点是否把握准确，教学过程是否做到突出重点；五要看教学难点是否把握准确并得到突破；六要看教材的组织、处理是否精心。教师必须根据教学目标、学生的知识基础、学生的认知规律以及心理特点，对教材进行合理的调整、充实与处理——重新组织、科学安排教学内容先后顺序，选择好合理的教学方法，使教材系统转化为教学系统。

四、评教学程序

教学目标要在教学程序中完成，教学目标能不能实现要看教学程序的设计和运作情况。因此，评课就必须要对教学程序作出评析。

教学程序评析主要包括以下两个方面。

1. 看教学思路设计

教学思路是教师上课的脉络和主线，它是根据教学内容和学生水平两个方面的实际情况设计出来的。它反映一系列教学措施怎样编排组合，怎样衔接过渡，怎样安排详略，怎样安排讲练等。教师课堂上的教学思路设计是多种多样的。因此，我们评教学思路，一要看教学思路设计是否符合教学内容实际，是否符合学生实际；二要看教学思路设计是否有一定的独创性，能否给学生以新鲜的感受；三要看教学思路的层次、脉络是否清晰；四要看教师在课堂上教学思路实际运作的效果。我们平时听评课，有时看到有些教师课上不好、效率低，很大程度上就是教学思路不清，或由教学思路不符合教学内容实际和学生实际等原因造成的。所以评课要注重对教学思路的评析。

2. 看课堂结构安排

教学思路与课堂结构既有区别又有联系。教学思路侧重教材处理，反映教师课堂教学的纵向教学脉络；而课堂结构侧重教法设计，反映教学的横向层次和环节。课堂结构是指一节课的教学过程各部分的确立以及它们之间的联系、顺序和时间分配，有时也称为教学环节或步骤。不同的课堂结构也会产生不同的课堂效果。可见，课堂结构设计是十分重要的。通常，一节好课是结构严谨、环环相扣、过渡自然、时间分配合理、知识密度适中、效率高的课。分析授课者的教学时间设计，能较好地了解授课者的授课重点。

(1)教学环节的时间分配：要看教学环节时间分配和衔接是否恰当，要看有没有“前松后紧”或“前紧后松”的现象，要看讲与练时间分配是否合理等。

(2)教师活动与学生活动的时间分配：要看有没有教师占用时间过多、学生活动时间过少的现象。

(3)学生个人活动时间与学生集体活动时间的分配：要看学生个人活动、小组活动和全班活动时间分配是否合理，有没有集体活动过多、学生个人自学或独立思考和独立完成作业时间太少的现象。

(4)优等生、中等生、学困生的活动时间分配：要看优等生、中等生、学困生活动时间分配是否合理，有没有优等生占用时间过多、学困生占用时间过少的现象。

(5)非教学时间：要看教师在课堂上有没有脱离教学内容，做别的事情，浪费宝贵的课堂教学时间的现象。

五、评教学方法和手段

评析教师教学方法、教学手段的选择和运用，是评课的又一重要内容。所谓教学方法，就是指教师在教学过程中为完成教学目的和任务而采取的活动方式的总称。但它不是教师孤立的单一活动方式，包括教师教学活动方式和学生在教师指导下"学"的方式，是"教"的方法与"学"的方法的统一。评析教学方法与手段，包括以下几个方面。

1. 看是不是量体裁衣，灵活运用

教学有法，但无定法，贵在得法。教学是一种复杂多变的系统工程，不可能有一种固定不变的万能方法。一种好的教学方法总是相对而言的，它总是因课程、因学生、因教师自身特点而相应变化的。也就是说，教学方法的选择要量体裁衣，灵活运用。

2. 看教学方法的多样化

教学方法最忌单调死板，再好的方法天天照搬也会令人生厌。教学活动的复杂性决定了教学方法的多样性。所以我们评课时，既看教师是否能够面向实际，恰当地选择教学方法；同时还要看教师能否在教学方法多样化上下一番工夫，使课堂教学超凡脱俗，常教常新，富有艺术性。

3. 看教学方法的改革与创新

评析教师的教学方法既要评常规，还要看改革与创新，尤其是评析一些素质好的骨干教师的课。具体要看课堂上的思维训练的设计，创新能力的培养，主体活动的发挥，新的课堂教学模式的构建，以及教学艺术风格的形成等。

4. 看现代教学手段的运用

现代教学呼唤现代教学手段。"一支粉笔，一本书，一块黑板，一张嘴"的陈旧的、单一的教学手段应该有所改变。评析教师现代教学手段的运用，既要看教师教学方法与手段的运用，还要看教师是否适时、适切地运用信息技术教学手段。

六、评教学基本功

教学基本功是教师上好一节课的重要基础，所以评课还要看教师的教学基本功。通常评析教师的教学基本功包括以下几个方面。

1. 看板书

好的板书，首先要设计科学合理，依标扣本；其次要言简意赅，有艺术性；再次要条理性强，字迹工整美观，板画娴熟。

2. 看教态

心理学研究表明，人的表达包括55%的面部表情、38%的声音和7%的言词。教师课堂上的教态应该干净利落、庄重、富有感染力，仪表端庄，举止从容，态度热情，热爱学生，师生情感融洽。

3. 看语言

教学也是一种语言艺术。教师的语言有时关系到一节课的成败。教师的课堂语言，首先，要准确清楚、普通话标准、精要简练、生动形象，有启发性；其次，教学语言的语调要高低适宜、抑扬顿挫、富于变化，语速要快慢适度。

4. 看操作

看教师运用教具的熟练程度，既要看课堂上教师对实验的演示时机和位置把握是否得当、是否照顾到全体学生，还要看课堂上教师实验的演示和操作是否熟练准确并达到良好效果。

七、评学法指导

从根本上说，教师的“教”是为了引导学生更好地“学”。所谓“授之以鱼不如授之以渔”，通过课堂教学提高学生的学习能力，促成积极的求学态度，激发浓厚的学习兴趣，培养良好的学习习惯和方法等更显重要。因此，评课时还应站在“学法指导”的角度实施评价。

1. 看学法指导的目的要求是否明确

主要看学法能否帮助学生认识学习规律，端正学习动机，激发学习兴趣，掌握科学的学习方法，养成良好的学习习惯，逐步提高学习能力，有效地提高学习效率。

2. 看学法指导的内容是否熟悉并付诸实施

看学生的课前准备是否充分，听讲是否认真，思考回答是否积极，合作是否和谐，笔记是否能抓住精要；看学生思维的发散度，课堂氛围的开放度，师生间、生生间相互评价的激励包容度等。

八、评能力培养

评价教师在课堂教学中能力培养情况，可以看教师在教学过程中，是否为学生创设良好的问题情境、强化问题意识、激发学生的求知欲，是否注意挖掘学生的潜能并加以引导、鼓励，是否培养学生敢于独立思考、敢于探索、敢于质疑的习惯，是否培养学生善于观察的习惯和心理品质，是否培养学生良好的思维习惯和思维能力并教会学生从多方面思考问题、多角度解决问题的能力等。

九、评师生关系

课堂教学过程就是师生间相互交流的过程，师生关系的融洽度、融合度直接影响课堂教学的教学效果，因此评师生关系也是评课的重要角度之一。

1. 看能否充分确立学生在课堂教学活动中的主体地位

新课标明确指出学生是学习的主体，教师是主导者。换言之，教师是学生学习的服务者，服务质量的优劣就在于教学目标的确定、教学方法的选择、教学过程的设计、评价方式的选择等是否以学生的认知及成长为核心。如果各环节、各层面的设计和实施都在充分了解学情的基础上，合理确定目标、整合资源、优化方法和过程等，那么学生的主体地位就得以体现，课堂就是生动的或是灵动的，教和学就会高度融合。

2. 看能否努力创设宽松、民主的课堂教学氛围

“亲其师信其道。”教师的教育理念、品行修养直接影响其自身的教学行为及教学效果。真正宽松、民主的课堂是装不出来的，应在平时的课堂中努力地营造。只有充分尊重学生、理解学生、了解其成长及认知的心理特征，才能更宽容、更和蔼地对待他们的对与错，最大限度地把课堂的时间与空间还给学生，把主动权让位于学生的构建。当学生不理解时能不拘泥于课堂预设的完整性，能不恼怒于学生的突发奇想和出格，当学生发生窘困时能循循善诱，那么你的课堂就一定宽松和民主，你的学生就一定阳光向上、团结友爱。

教育家陶行知先生曾呼吁：要解放孩子的头脑、双手、脚、空间、时间，使他们充分得到自由的生活，从自由的生活中得到真正的教育。而这种“真正的教育”就在于我们每节课的宽松与民主！

十、评教学效果

看课堂教学效果，也是评价课堂教学的重要依据。好的课堂效果主要包括以下几个方面：

一是教学效率高。教学效果的好坏，还要算算时间账。教学效果好，但课堂容量小，属整体教学效率不高；弄简成繁，枝节问题纠缠不休，表现出明显的徒劳无功，属局部教学效率不高。

二是学生受益面大，让不同程度的学生在原有基础上都有进步。知识的增长、情感的陶冶、学习方法的获得、能力素质的发展、良好习惯的养成、学习品德的升华、学习兴趣和信心的培养、思想情操目标的达成等，都是课堂教学的实质所在。

三是有效利用课堂时间，学生学得轻松愉快，积极性高，当堂问题当堂解决，学生负担合理。

但是，在日常的听课活动中，就听课者而言，根本没有办法对课堂上的诸多关注点都关注到位。所以，我们只能依据自己的观察，就课堂呈现的一点或几点进行思考分析。

第二节　评课的基本原则

评课要以提高教师的业务素质和课堂教学水平为目的，倡导交流研讨式评课。在评课时，教师要掌握一定的评课原则。根据新课程改革的精神，教师评课时应遵循以下一些原则。

一、激励性原则

评课要从调动教师教学的积极性、主动性和创造性出发，要善于发现教师教学过程的闪光点，要给教师理论上指导、方法上点拨、过程上反馈，使教师在评课的过程中得到启发，受到教益。

二、层次性原则

评课不能搞“一刀切”，要根据评课对象区分对待。如对于骨干教师评课的标准要适当高一些，对于新任教师评课的标准可以适当降低一点，但要逐步提高标准要求。同时，还要根据“优质课”“研讨课”“汇报课”的不同要求区分对待。

三、针对性原则

评课要讲究效果，不要空话、大话、好话连篇，面面俱到，不深入实际；要抓住关键和要害，突出重点，讲究针对性；要提倡“一课一得”的课堂教学评价。

四、客观性原则

评课要实事求是，客观公正；要一分为二，坚持两点论，不能走向极端。教学是一门艺术，艺术的追求是无止境的。因此，课堂教学没有最好，只有更好。课堂教学也要与时俱进、不断创新，要不断适应新的教学理念对课堂教学的要求。

五、及时性原则

一堂课结束要及时评课。因为时间一长，听课者就会遗忘课堂教学的细小环节，从而达不到共同提高的目的。

六、"心理零距离"原则

评课者要站在授课者与帮助促进者的角度去分析考虑问题，给授课者一个中肯的指导意见。特别是要用一种十分诚恳的态度去评课，让别人特别是授课者在一种融洽的氛围中，或在充满"轻松"的心理状态下，感觉到你的善意，接受你的意见，这样才有助于授课者反思自己的教学过程，提高教学水平。

七、实话实说原则

实话实说对于听评课教师来讲，是一个很重要的责任心问题。评课是授课者和其他与会者相互学习借鉴的一个机会。只有本着客观公正、实事求是的精神，评课才有实在的意义。当然，这里面可能会出现"话重"的情况，所以实话实说也要讲究方法与策略，讲究谈话的艺术。

成功的评课可以帮助教师更好地理解教学，认识教学环节以及各要素之间的关系和联系。这样，一方面对这一课时的教学可能有更多的讨论和思考，另一方面可通过对这一课时的听评观议，获得更加具有普遍意义的教学指导思想，达到共同提高的教研效果，促进教师的专业成长。

第三节　评好课的基本要求

评好课应紧扣新课标的要求，落脚于学生的发展，围绕以学生发展为基点的教学理念、教学目标、教与学的流程和方法等。

一、评课要以学生的发展为本，从学生全面发展的需要出发

基础教育课程改革的核心理念是以学生的发展为本。评课要从学生全面发展的需要出发，注重学生的学习状态和情感体验，注重教学过程中学生主体地位的体现和主体作用的发挥，强调尊重学生人格和个性，鼓励学生发现、探究与质疑，以培养学生的创新精神和实践能力。

二、评课要从有利于教学的诊断和正确的导向出发

课堂教学是一个准备—实施—目标达成的完整过程，是一个复杂多变的系统，要全面反映这个过程需要考查相当多的因素。正确评价一堂课，要着眼于课堂教学的全过程，但又不能面面俱到；要突出对素质教育课堂教学不可缺少的基本要素的考查，以便在评价中有针对性地诊断，确保正确的导向。

三、评课要坚持“评教”与“评学”相结合，把评课的重点放在“评学”上面

课堂教学的主体是学生，教学目标的落实最终体现在学生的学习过程之中。课堂教学评价要改变传统的以“评教”为重点的现象，把评价的重点转到“评学”上面，以此促进教师转变观念、改进教学；要把评课的关注点，从教师传递知识转到学生有效学习知识上面，转到如何针对学生差异因人施教上面；还要把过多的统一讲授的课堂，转变为以指导学生分组学习讨论和统一答疑、点拨为主要活动方式的课堂，转变为以适当的统一讲解与有指导的自学或自由

选择条件下的探究、研讨、查询相结合的课堂。

四、评课要提倡创新，培育个性

课堂教学具有丰富的内涵，学科、学生、教师、教学条件诸方面的不同，使课堂教学情况千变万化。正确地评价一节课，既要体现课堂教学的一般特征，又要提倡创新，鼓励个性化教学。

第四节　新课程背景下一节好课的评价标准

当教学活动关注的重点从教师传递知识转到学生有效学习知识以后，评价课堂教学质量的根本标准，应是学习者能否在课堂教学中进行积极有效的学习。能够让学生实现有效学习的课，是好课；让大多数甚至每个学生都能在相当程度上实现有效学习的课，是最好的课；而不能让学生实现有效学习或不能让大多数学生实现有效学习的课，则是不好的课，是失掉了课堂教学价值的课。在这里，我们把能否让更多的学生在更大程度上实现有效学习，作为评价课堂教学效果的标准，而不去简单地评价教师的讲授水平，也不一味地追求学校教育资源的丰富程度。这样做，并不是否认教师的讲解或教育资源的丰富多样对实现学生有效学习的重要作用，而是因为讲解也罢，多媒体课件或教学仪器设备也罢，都仅仅是学生有效学习的形成条件。

一般来说，在班级授课制的条件下，有效学习形成的条件和标准有以下五项，即学习内容要适切、学习环境应力求宽松、学习形式应多样、教学组织过程要科学与学习活动评价要有包容性。因此，我们评课的标准也应从这五个方面来考虑。

一、学习内容要适切

学习内容要适切是指教师组织学习者学习的内容应该适应学习者身心发展与时代发展的特点,切合大多数学习者的实际需要。

二、学习环境应力求宽松

学习环境应力求宽松是指教师要努力使课堂变成学习者的乐园,要努力营造一个健康、和谐、安全、温馨的学习环境。在以知识传承和技能训练为宗旨的课堂里,教师需要营造的是一种紧张高效、严肃有序的学习氛围,要努力排除各种干扰,抑制学生的个别需求与随机活动,尽力把学生的注意力与行为统一到计划中的学习要求上去,并通过种种合理手段来维持纪律。在以学习者知识的主动建构与情感的积极发展为目标的课堂里,教师的根本责任是让每个学习者的主动性与积极性得到充分发挥,让每个学习者都能从自身的实际与需要出发,在45分钟的课堂里真正学到本领,真正获得益处。

三、学习形式应多样

学习形式应多样是指教师要努力提供丰富多样的教育资源,充分运用现代信息技术及其他技术和组织手段,让学习者有可能利用各种学习方式,通过多种感知途径,在集体与个别学习中,在思辨、操作、争论、探究的过程中,实现有效的学习。

四、教学组织过程要科学

教学组织过程要科学是指教师应该针对学习者身心发展特点,有序而灵活地组织教学,实施教学计划。

首先,有序而高效的教学组织依赖于因地制宜的高效的教学设计。如围绕教学目标,我们的情境引入是否能充分激趣同时又契合学科知识和学生心理特点，使学生在快速进入课程的同时感知学习相关知识的必要性，产生求知的渴望；我们的教法是否贴合知识与学生认知区域；我们的引导设问是否指向明晰；重难点的强调和突破是否有足够的“脚手架”支撑等。其次，教师的师德素养和组织能力是有效组织教学的保障。师德高尚、专业突出、多才多艺、幽默民主、宽严相济的教师自会赢得学生的喜欢，更容易使学生“信其道”“依其言”。如此，课堂教学便可流转自然且井然有序。

五、学习活动评价要有包容性

学习活动评价要有包容性是指应该坚持发展性评价的原则，强调课堂教学评价应该以学生发展为本，为创造有利于学习者自主学习、独立思考、合作探究的课堂氛围服务。同时，强调发展性评价原则和评价的包容性，是为了解放学生、解放教师，让他们有可能在宽松和谐、较少压力的条件下展开教学。

正如我们强调教学内容的适切、教学形式的多样与教学环境的宽松、教学组织过程的科学一样，这些都是学生有效学习活动的形成条件，也是一节好课的基本标准。做到了以上要求，学生就有可能实现有效学习，课堂教学就有希望成为好课；违背了上述要求，就无法实现多数学生的有效学习，也就不能成为一节好课。当然，一节好课或一次成功的教学，不一定会在所有五个方面都同等程度符合上述要求；相反，比较符合上述要求的课堂，也不一定会对班级内的每位学习者都具有同样的意义和价值。

总之，课堂教学评价是一项科学性很强的工作，也是一项包含多种随机变化并在相当程度上要依靠经验、感悟与直觉的工作。只有深入实际，反复尝试，才会做出比较切合实际的判断。在这里，教师多一点细心与耐心是有好处的。

第四章

评课的4个维度与16个视角

评课就是对照课堂教学目标，对教师和学生在课堂教学中的活动及由这些活动所引起的变化进行价值判断.评课是教学、教研工作过程中一项经常开展的活动，有同事之间互相学习、共同研讨的评课，有学校领导诊断和检查的评课，有上级专家鉴定或评判的评课等.评价的目的不是为了证明，而是为了改进.在多年的听评课实践中，我们主要从教学准备、教师活动、学生活动、基本素养和课堂文化这4个不同维度评价一节课的得失，并从16个不同视角细化课堂观察和评价点.

第一节　教学准备

教师教学准备行为是教师课堂授课之前对教学方式、教学媒体、教学方法等多方面预期准备的行为过程，这一准备过程具有范围广、角度宽、层次深的特点.这种行为的研究线索从主客体的角度来看，可划分为对教学内容的准备、对与教学相关的人的准备、对与教学相关的其他事项的准备三个维度.其中对教学内容的准备行为又包括对授课知识的准备、对授课要求的熟知、对相关联教学内容的准备；对与教学相关的人的准备又包括对学生的准备、与其他教师的配合、对自身的准备、对教学评价人员的准备；对与教学相关的其他事项的准备又包括教学时间、教学方法、教学媒介、教学方式四个方面(见图1).

可见，教师上好一节课要准备的内容有很多，备好课是上好课的先决条件.教师做好充分的教学准备，是上一堂好课的前提.具体而言，有钻研“标准”和教材，深入了解学生，选择教学方法，开发教学资源，制订教学工作计划和单元教学计划，编写教案等.这里我们谈的教学准备主要基于两个方面：一是教师对教学目标的定位，二是教师对教材的理解与把握.

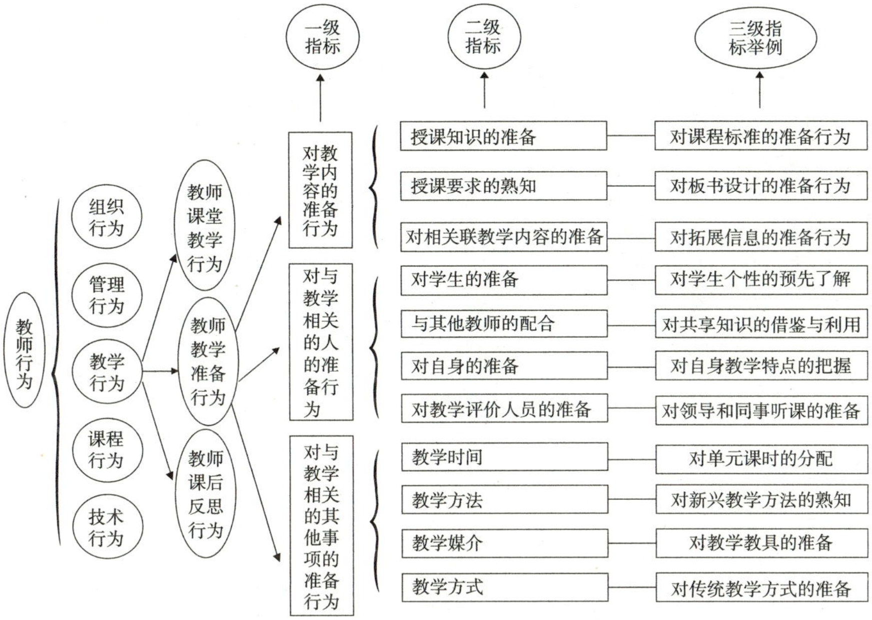

图1　教师行为图谱及教学准备行为指标框架

视角1:目标全面恰当

要点1.注重课程目标在教学中的有机统一,引导学生健康发展.

【案例1】教学目标(沪科版数学八年级上册§13.1函数第1课时)

通过直观感知,了解常量与变量的意义,能分清实例中的常量与变量;

初步了解自变量与函数的意义,能列举出函数的实例,并能写出简单的函数关系式;

初步学会用函数的观点、动态的视角观察、分析问题.

案例评析:

课程目标、学科目标、单元目标、教学目标是紧密联系、相互关联,但又有区别的概念.课程目标是学习的总目标,相对宏观;学科目标、单元目标相对具体;而教学目标则是学生通过一节课的学习需要实现的目标,相对微观.教师需要根据单元教学要求，制订教学目标.制订教学目标时需注意两点：

(1)既要明确基础知识、基本技能应达到的程度，又要明确数学思想方法和观点的要求；既要提出在已有水平上掌握新知识的要求，又要明确如何为后续学习做好准备.

(2)根据学生的实际提出恰当要求.教师在编写教案时可参照《义务教育数学课程标准(2011年版)》中对教学内容提出的不同教学要求(一般分“了解”“理解”“掌握”“灵活应用”四个层次).案例1中的教学目标就较好地体现了上述要求.

要点2.注重教与学的统一，教学要求具体明确，符合课程标准和学生学习实际.

【案例2】教学目标(沪科版数学七年级上册§3.1一元一次方程及其解法第1课时)

通过对多种实际问题的分析，感受方程作为刻画现实世界有效模型的意义；

通过观察，归纳一元一次方程的概念；

理解等式的基本性质，会根据等式的基本性质解简单的方程.

案例评析：

早在300多年前，法国数学家笛卡尔就有一个伟大的设想：首先，把宇宙万物的所有问题都转化为数学问题；其次，把所有的数学问题都转化为代数问题；最后，把所有的代数问题转化为解方程.虽然笛卡尔的“伟大设想”没有实现，但是充分说明了方程的重要性.所以，让学生充分认识并感受方程作为刻画实际问题的重要模型是十分必要的.一元一次方程是代数方程中最基础的部分，也是后续学习的基础，等式的基本性质又是解方程的基础，所以本节课的教学目标设置具体，符合课标，贴切学生学习实际，符合学生认知特点.

视角2:教材把握准确

要点1."用教材"科学恰当,学习的重难点适当清楚.

【案例3】教学内容(沪科版数学八年级上册§14.2命题与证明第3课时)

教学重点:三角形内角和定理的证明.

教学难点:证明三角形内角和定理时辅助线的添加.

案例评析:

所谓重点,就是那些在进一步学习中起基础和联结作用的知识,这些知识在学习的数学认知结构中起"固着点"作用.所谓难点,是指那些学生比较难以理解的内容.一般的,学生对比较抽象、综合性强、和学生生活实际相距较远的知识点,都会产生学习困难.

"三角形的内角和是180°",小学生都知道这个结论.但为什么三角形的内角和是180°,即如何证明?为什么要证明三角形的内角和是180°?这些问题学生却不得而知.本节课的教学重点是证明三角形的内角和是180°,这一结论不仅在今后的几何推理中十分有用,而且也是初中几何演绎推理的开始.因为之前的推理大多数是归纳推理或类比推理,均属于合情推理.合情推理常用于结论的发现,而演绎推理常用于结论的证明,显然经过证明是正确的结论更具有一般性,所以"演绎推理"应该倍加重视,自然应成为本节课的教学重点.本节课就是让学生知道三角形内角和的结论重要,知道这个结论需要证明更重要.在证明过程中需要添加适当的辅助线,"辅助线"对学生来说,犹如魔术师手中的帽子,看得精彩,却很难自己动手"变"出来,所以让学生明白如何添加辅助线是本节课的教学难点.

要点2.注意课程资源的全面开发与合理利用.

【案例4】"因式分解"教学片段

过去教学因式分解时,按"提公因式法→平方差公式→完全平方公式→分组分解法"一一展开教学,课后总有学生询问"为什么要学因式分解".学生心里的疑虑引发了教师的思考，所以教师在教学时设计了如下问题：

计算：（1）$(x+y+1)^2-x(x+y+1)-y(x+y+1)$；

（2）$(a+b+c)^2-(a-b-c)^2$；

（3）$(x+1)^2-2(x+1)+1$．

学生说出计算过程和依据，教师板书：

提公式因式法：

$$m(a+b+c)=ma+mb+mc \xrightarrow{\text{反过来}} ma+mb+mc=m(a+b+c)\text{；}$$

平方差公式：

$$(a+b)(a-b)=a^2-b^2 \xrightarrow{\text{反过来}} a^2-b^2=(a+b)(a-b)\text{；}$$

完全平方公式：

$$(a\pm b)^2=a^2\pm 2ab+b^2 \xrightarrow{\text{反过来}} a^2\pm 2ab+b^2=(a\pm b)^2\text{．}$$

案例评析：

教师在课本的基础上，精心设计初始问题，整体引出因式分解的定义和各种分解方法，速度快、效率高、效果好．左边是整式的乘法，积→和；右边是和→积．从上述例子可以看出：不仅需要研究“积→和”，有时候也要研究“和→积”．初始问题源于学生的认知起点——整式乘法，解释了“为什么学习因式分解”“怎么因式分解”“什么是因式分解”三个问题，让学生对因式分解有了初步的整体感知，明确了因式分解学习的必要性和目的性．

【案例5】“无理数”概念教学片段

教师利用课本中的网格图改编了如下问题：

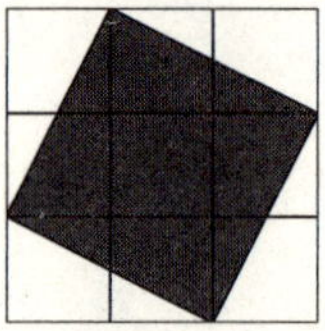

图(1)

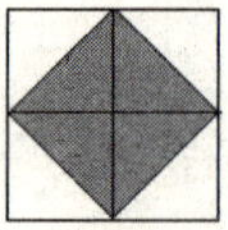

图(2)

如图(1)是由4条横线、4条竖线构成的方格网，它们相邻行距、列距都是1.

从这些纵横线相交得出的16个点(称为格点)中,可以选择其中4个格点作为顶点连接成一个正方形,叫作格点正方形,如图(2).

(1)你能找出多少种面积互不相同的格点正方形?

(2)你能求出这些格点正方形的边长吗?

图中面积互不相同的格点正方形,有其面积为1,4,9,5,2五种,前三个格点正方形的边长分别为1,2,3,那么面积为5和2的正方形边长是多少呢?

设它们的边长分别是x,y,则有$x^2=5$,$y^2=2$,那么$x=?$,$y=?$,这里的x,y是有理数吗?请学生阅读课后材料:$\sqrt{2}$是有理数吗?

案例评析:

教师引导学生利用计算器寻找表示面积为2和5的格点正方形边长的"有理数",感受无理数是客观存在的.

让学生认识引入无理数是解决实际问题的需要,因为原有的数"不够"用了,同时也是数学知识结构自身发展的结果.已知底数、指数,求幂是乘方运算;与之相反,已知幂、指数,求底数是什么运算呢?让学生体会无理数的出现是数学发展的必然结果.

2000多年前,无理数的发现引发数学史上第一次基础理论的危机,直到19世纪人类才真正对无理数有一个全面的认识.要想学生在短短几节课内就对无理数有深刻的认识是不太现实的,但并不是说教师就无所作为.

以上两个案例主要侧重于教师对课本资源的开发,或者说"再加工".下面看一则利用课堂生成性资源推动课堂教学的例子.

【案例6】"单项式除以单项式"教学片段

教学中,教师表达自己的想法很容易实现,而学生表达自己的想法则有一定的条件——主观上,教师要相信每一个人都有表达的意愿,而客观上,则需要教师创设民主、宽松的教学氛围,让学生敢于或乐于表达自己的想法.一般而言,如果教师常常以"为什么?""你是怎么想的?""还可以怎么想?"等类似启发性话语与学生对话,就可以营造一种宽松的交流氛围,容易催生学生表达的行为.

如笔者在教学单项式除以单项式时，设计如下："计算：$15a^4b^3x^2 \div 3a^2b^3 = ?$"，笔者不作任何提示，直接问学生如何计算.5分钟以后，学生思考如下：

（1）甲同学提出利用除法是乘法的逆运算，则 $? \times 3a^2b^3 = 15a^4b^3x^2$，利用前面学的整式乘法，可知 $? = 5a^2x^2$.

（2）原式 $= 15a^4b^3x^2 \cdot \frac{1}{3}a^{-2}b^{-3} = \cdots$，乙同学提出类比有理数除法法则，将"单项式除法"转化为"单项式乘法"（化归），再类比单项式乘以单项式法则求得结果.

（3）丙同学提出：对于只在除式中出现的字母如何处理？如"$15a^4b^3 \div 3a^2b^3x = ?$"，这是预料之外、情理之中的问题.

师：单项式除以单项式的商分整除和不能整除两种，就像两个整数相除一样，分整除的和不能整除的，本节课只研究整除情形，不能整除的商是分式，要到本教材第九章才会研究.

（4）戊同学迟疑了很久，鼓足了勇气提出自己的疑问："$15a^4b^3x^2 \div 3a^2b^3 = ?$"与"$15a^4b^3x^2 \div 3 \times a^2 \times b^3 = ?$"是否相同？

师：其实"原式 $= 15a^4b^3x^2 \div 3a^2b^3 = 15a^4b^3x^2 \div (3a^2b^3)$"，在单项式中省略乘号"×"时，默认为一个整体，括号一般不用.

（5）对于单项式除法法则的归纳概括，戊同学提出采用类比单项式乘法法则，引出单项式除法法则.

案例评析：

这些"生成性资源"丰富了教学内容，又促进了教学，深化了学生对法则的理解.教学素材的选择应当服务于教学目的这个宗旨，教学应以课本为基本依据，因此基本素材应出自教材，但也要考虑到实际需要，如引入需要的背景资料、新旧教材对比需要的超链接、课堂的生成性资源等.

第二节　教师活动

教师活动这一维度包括7个视角.

视角3:讲授清楚

要点:内容讲授科学,语言准确精炼,时间适当合理;板书运用能引导学生深入理解知识,完善知识结构.

【案例1】“直线和圆的位置关系”教学的引入部分

复习提问:点与圆有几种位置关系?它们如何表示?

师:先观察太阳升起的过程,地平线与太阳有哪几种位置关系?根据此现象探究直线与圆又有哪几种位置关系?

生:有3种关系.

【案例2】“生活中的轴对称”教学的小结部分

师:刚刚同学们总结得非常好,生活中的轴对称是随处可见的,只要大家用心去观察和分析,生活中处处有数学.

案例评析:

上述两个情境可能是教师平时上课中常用的引入和小结:平淡的开头和简单的收尾.于是,有的数学课堂会遇到这样的情形:教师讲得津津有味,学生却感到疲乏寡味,可谓“隐其学而疾其师,苦其难而不知其益也”.

心理学研究表明,在45分钟内,人的大脑兴奋中心会呈现出一个小小的疲劳波谷期.学生在听课过程中,大脑兴奋中心是呈曲线变化的,这种兴奋中心不是长时间固定在优势区域内,而是随着刺激物的变化而不断转移的.倘若能始终保持学生在一定的兴奋中心里学习,学生便不会感到疲倦厌烦,反而会激发出一种愉悦的情绪,产生一种令人欣慰的审美体验,享受到学习数学的乐趣.

那么,如何来营造这样的课堂氛围呢?

教师在平时的备课中,备得最多的是“课”,而“备”语言时,即课堂中的教学语言,往往不够充分,有时甚至没有.在很多情况下,因数学教师的语言过于简洁而使教学失去了形象性和生动性,流于平淡,从而造成教学效果欠佳.我们要明白教学语言是教师开启学生心扉、引导学生步入知识殿堂的金钥匙,是教学信息传递、反馈的主要媒介,其质量的高低直接影响一堂课的教学效率.所以,数学教师的语言应该融入教学结构中,从而启发学生的心智,振奋学生的神经,促进学生深入思考,激发学生的学习兴趣.

视角4:问题明确

要点:引导学生将学习精力集中在教学重点与难点上,激发学生积极思考,努力促进学生提升对知识的理解能力和对问题的解决能力.

一元二次方程根与系数的关系是沪科版教材八年级的一节内容,对于这个结论的教学,怎样让学生联想、观察出根与系数的关系,是教学的难点,而推导出根与系数的关系,则显得容易.以下选取了两堂课的教学片段.

【案例3】“一元二次方程根与系数的关系”教学片段

师:一般的,对于一元二次方程 $ax^2+bx+c=0(a\neq0)$,根与系数有什么关系呢? 今天我们来探讨一下.

师:我们先一起回顾解方程的求根公式.

学生得出两个根:$x_1=\dfrac{-b+\sqrt{b^2-4ac}}{2a}$,$x_2=\dfrac{-b-\sqrt{b^2-4ac}}{2a}$.

教师一边问学生,一边板书:$x_1+x_2=$______,即两根之和等于______.

教师板演计算:$x_1+x_2=\dfrac{-b+\sqrt{b^2-4ac}}{2a}+\dfrac{-b-\sqrt{b^2-4ac}}{2a}=-\dfrac{b}{a}$.

教师继续板书:$x_1\cdot x_2=$______,即两根之积等于______.

同上处理:$x_1\cdot x_2=\dfrac{-b+\sqrt{b^2-4ac}}{2a}\cdot\dfrac{-b-\sqrt{b^2-4ac}}{2a}=\dfrac{c}{a}$.

由此归纳出结论：

一元二次方程的根与系数之间的关系为：$x_1+x_2=-\frac{b}{a}$，$x_1\cdot x_2=\frac{c}{a}$.

然后教师请学生用文字语言叙述一下，并出示四道课堂练习：不解方程，求两根的和、积、平方和、倒数和等问题(略).

【案例4】“一元二次方程根与系数的关系”教学片段

一位教师对某教材中的表格作了一些改动，如下：

方程	a	b	c	x_1+x_2	$x_1\cdot x_2$
$x^2-2x=0$					
$x^2+3x-4=0$					
$x^2-5x+6=0$					

教师先让学生填表，2～3分钟完成.再请学生观察：有什么规律吗？学生很快发现了根与系数的关系是：$x_1+x_2=-\frac{b}{a}$，$x_1\cdot x_2=\frac{c}{a}$.(以下处理同案例3)

案例评析：

综观案例3的整个过程，这位教师有较强的目标意识，做一件事开始就明确目标.但为什么要研究根与系数的关系？怎么想到要研究根与系数的关系呢？学生不清楚.之后教师提出问题“一起回顾解方程的求根公式”.假设教师不提出，学生能否自己联想到用求根公式呢？回答是肯定的，因为有了方程的根，自然会联想到求根公式，学生计算时只要代入公式、简单推算即可.因此，从教学理念分析，本案例没有尊重学生的主体地位，无视学生的内在需求和学习状况；从教学目标分析，它是以知识传授为主要目标，缺少“思维发展”的目标，其过程都是教师告诉“这”与“那”，学生在被动地“练”，缺少思维的参与，这种教学方式是典型的注入式.

案例4中先让学生算算、填填，通过独立的计算、观察以获得规律.从课堂反馈上看，学生较容易得出结论，教学显得很顺利.从教学理念分析，本案例尊重了学生的主体地位；从教学目标分析，与案例3存在的问题相似，因为它是在教师指定的框架下进行，问题的指向过于明确，学生不需要多少思维的参与就能找到规律，也就难以激发他们探究的欲望，这与新课程注重发展学生的思维能力背道而驰．试问：学生怎么知道 x_1+x_2，$x_1 \cdot x_2$ 要和系数 a，b，c 联系起来呢？看似顺利的背后其实是教师在灌输，这也是一种注入式教学．

视角5：活动有效

要点：结合学习任务、角色及互动关系，创设适合学生进行自主、合作或探究的学习情境，引导学生在活动中学习知识、学会方法，深化对正确的情感、态度和价值观的感受．

【案例5】“有理数加法”教学片段

课始，一位教师是这样创设情境的．

师：同学们，这节课我们将学习有理数运算法则．现在我请4位同学到讲台前来“走路”．请第一位同学向东走3步，再向东走4步；请第二位同学向东走3步，再向西走4步；请第三位同学向西走3步，再向东走4步；请第四位同学向西走3步，再向西走4步．

师：请同学们仔细观察，在每种走路情况下，他们各自到达终点时离讲台多远？你有什么发现？由此我们是否可以得到有理数加法的法则？

生1：第一位同学离讲台7步，第四位同学离讲台也是7步．

生2：第三位同学离讲台1步，第二位同学离讲台也是1步．

生3：我发现第一位同学离讲台与第四位同学离讲台一样远，第三位同学离讲台与第二位同学离讲台一样远．

生4：我还发现第三位同学和第二位同学比第一位同学和第四位同学离讲台近．

师：那么你们是否可以得到有理数加法的法则？

学生无语．

案例评析：

建构主义教学观认为，学习是一个在已有知识经验基础上主动建构的过程.这就要求教师要充分了解学生,了解学生已有数学认知结构和智能发展状况,问题的提出、情境的创设必须与学生已有知识基础与认知水平相吻合.教师设计的情境应该适合学生的认知水平和思维水平,让学生真正经历"问题情境—建立模型—解释或应用"这一重要的数学活动过程,并使学生根据具体情境中简单的数量关系,透彻理解相关知识点.

初看上面的情境设计,似乎结合了学生实际,贴近了学生的生活,学生也很乐于投入到这样的学习活动之中.但认真仔细剖析情境,我们不禁产生疑问:四种走路情况得到的结果,一定要学生在课堂上实际模拟吗？虽然说好的问题情境是基于学生参与的,是基于教师对学生的真正了解,但初一学生已经具有了"向东走""向西走"的感性认识,此时只要通过教师语言的叙述,唤起学生的日常生活经验,引发他们丰富的想象力,就能够得出四种走路情况的结果.而"走路"的实际情境模拟,事实上降低了学生的认知水平."好"的问题情境是要吸引人的,这种吸引不是为了热闹好玩,而是在吸引学生兴趣的同时,要引起他们严肃理性的思考.而上面的情境,课堂气氛可谓热热闹闹,但缺少对数学本质的思考,所以这种活动有形式化之嫌.

视角6:反馈及时

要点:积极的即时评价能培养学生对学科的兴趣和爱好,增强学习自信心;能引导学生辨别正误,深化认识,逐步形成知识结构.

【案例6】"绝对值"教学片段

给出绝对值的定义,并进行一些巩固练习.

师:+2的绝对值是什么？+0.3的绝对值是什么？$+\frac{2}{3}$的绝对值是什么？

学生回答正确后,教师引导学生归纳总结:正数的绝对值等于它本身.

师:那么,绝对值等于本身的数是什么？

生(不加思索、大声):正数!

师：对吗？有不同意见的同学吗？有不同意见的请举手．

片刻，教师的“得意门生”小华举手发言．

生：我觉得不对，因为0的绝对值是0，所以0的绝对值也等于它本身．

师（满意）：这就说明绝对值等于本身的数是……

生：正数和0．

师（微笑点头）：其他同学明白了吗？

生（齐）：明白啦！

师（不屑）：你们这些学生只会人云亦云，自己不动脑筋！这样学习能学好吗？……

【案例7】“分式”教学片段

教师利用多媒体出示例题，填表．

x	-1	0	1
$\frac{x+2}{x-2}$			

学生口答正确．

师（微笑）：大家计算能力都不错．下面请同学们再选取一个你喜欢的x的值，算一算分式对应的值是多少？

生1：我取x的值为3，则分式的值是5．

生2：我取x的值为4，则分式的值是3．

生3：我取x的值为-2，则分式的值是0．

……

师：大家说得都不错，老师发现，怎么没人取2呢？现在老师取2了，有和老师一样的吗？

师（笑眯眯）：与老师一样的同学请举手．

学生你看看我，我看看你，此时，生4犹犹豫豫地举起了手．

师：生4也取2？那你给我算算看，分式的值是几？

生4(紧张地站了起来,磕磕绊绊地):x取……取2……

此时,教师不悦地用手势终止他的发言,示意他坐下.

师:大家想想,这里的x能取2吗?

生(大声):不能!

生4懊悔地低下头,搓着那只"错误举起的手"……

案例评析:

案例6中的教师,为使学生深刻理解、掌握数学概念和性质,在易出错处设置了"陷阱",以提醒学生考虑周全,启迪学生有效思维.这本是行之有效的策略,但是对于初学绝对值概念的学生而言,一时未想到"0的绝对值也等于它本身"更在情理之中,可教师"不屑"的批评,却打击了一大片,使学生戴上冤枉的"不动脑筋"的大帽子,接下来他们的学习情绪会走向何方呢?可以说,对"绝对值等于本身的数是正数和0"这个知识点记得有多深刻,就会对"不动脑筋"的批评记得有多深刻.与此同时,他们学习数学的热情也被浇灭了.

案例7中的生4更令人同情,或许是受教师温情诱导的"蛊惑",他一时迷糊地举起了手.事实上,当他发言时已经意识到了问题,而此时的教师不再温情,不给他改正的机会,而是生硬地终止了他的发言,使他无疑成为了"靶子".生4"出洋相",或许能使其他学生更加明辨知识点,可这个代价太大了.

视角7:调控得当

要点:能关注学生的学习经验和即时学习状况,及时调整教学安排,激发学习的潜力、积极性和创造性.

【案例8】"圆的有关性质"教学片段

在学习了九年级(下)"圆的有关性质"后,为了检测学生的掌握情况,教师出示了这样一道题目:

如图,在$\triangle ABC$中,AB是$\odot O$的直径,$\angle A=30^\circ$,$BC=3$,求$\odot O$的半径.

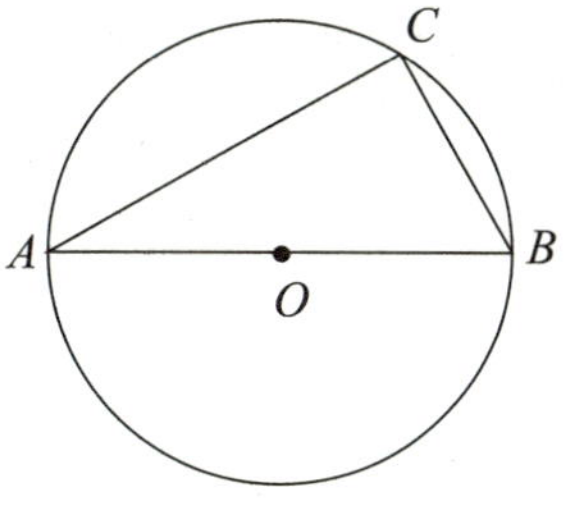

学生看了一遍题目,便在下面嚷开了:太简单了!这不就是一道简单的解直角三角形嘛!

此时,教师提问生1.

生1:由AB是$\odot O$的直径,知$\triangle ABC$为直角三角形.

$\because BC=3, \angle A=30^\circ, \therefore AB=6$.故$\odot O$的半径为3.

师:很好.利用直径的特征,结合直角三角形性质求出了半径.下面我们再看下一题……

【案例9】"一元二次方程根的判别式"教学片段

在讲完"一元二次方程根的判别式"后,教师编了一道题目:

请在横线上填一个数,使一元二次方程x^2-6x+______$=0$有两个不相等的实数根.

生1:我填8.可以先配方,得$\left(-\frac{6}{2}\right)^2=9$.$\therefore$当常数项为8时,$\Delta=b^2-4ac=36-32>0$.

生2:我填0.我做填空、选择题时,喜欢取一些特殊的数,如0,1,-1等.

师:不错,填的数只要满足$b^2-4ac>0$就可以了……

案例评析:

以上情境在我们的课堂里随处可见,设置的问题本身起点虽低,但思维价值高,只因教师简单的一句"不错""很好"以及"大部分学生都会解答"的假象而停止了让学生继续思考的脚步,这样的处理很可惜.从以上情境中我们看出,学生几乎都会做题了,但是否意味着学生真的理解了呢?预期的教学目标都实现了吗?对于这样的问题,为何不让学生的思维多走一步呢?

案例8中,教师只知道机械地让学生做题,而忽视了对问题的进一步探究.学生的解法固然正确,教学效果看上去也不错,但我们总觉得少了点什么."简单"的背后学生收获了什么?难道仅仅是让学生会求圆的半径吗?如果是这样的话,那与求解直角三角形有什么区别?试想一下,如果AB不是直径或没有了圆,学生还会认为简单吗?

案例9中,教师一句"不错,填的数只要满足 $b^2-4ac>0$ 就可以了"就算完事了吗?从学生的解答可以发现,学生的认知起点是丰富多样的,教师只有努力估计各种可能情况,做到心中有数,才能做到以学定教.学生的做法,难道没有能引起教师注意的地方吗?教师应该通过生1和生2的做法让其他学生加以分析、比较,在交流中提升自己的思维能力,透过表面看本质:这样的做法是否最好?特别是类似于生2的"瞎蒙"的做法,其实不少学生这样做.

上述两例的共同问题是,对于问题的探究都只停留在对基础知识的理解与运用层面上,而没有充分发挥这些典型题目的作用,缺乏对学生思维能力的进一步拓展,长期下去,不利于激发学生学习的潜力和创造性,势必导致学生的思维僵化.

视角8:方法适当

要点:选用的教学手段、教学形式能促进学生积极参与,有助于学生突破学习难点,掌握学习重点,提高学习效率.

【案例10】"圆"教学片段

教学内容为"圆(复习课)".在这节初三的复习课上,在教师利用PowerPoint制作的教学课件中,安排了复习题、例题、当堂练习题共计18题,其中不乏一些难度较高的计算或推理题.整个课堂始终围绕课件而展开,师生要做的就是看题、解题.也许考虑到教学容量很大,为确保完成教学"任务",课堂上几乎没有一句与课件中题目无关的"废话".在师生高度紧张的努力下,当下课铃声响起的时候,预设的所有教学内容终于完成,教师也松了一口气.

小插曲:在一道有关"圆的切线"的例题教学中,由于学生回答的解题思路与教师预设的不一样,因此教师点击鼠标后大屏幕上显示的辅助线与学生所要添设的辅助线不一样.可是,受教师对现代教育技术的运用能力所限,无法即时地在课件上画出学生要添加的辅助线.最后怎么办?只能让同学们对着屏幕想象,假如画上辅助线后该怎么往下做……

【案例11】"函数的图像"教学片段

这是一节八年级的新课，在这一节内容的前面，学生已经学习了坐标与坐标系、函数的概念等相关内容．虽然教室里现代教学设备一应俱全，但整个课堂自始至终未曾使用．课堂上，执教教师在黑板上画函数$y=x$的图像用时6分钟，画$y=x^2$的图像用时10分钟．之后的练习"画出函数$y=-x+1$和$y=-x^2$的图像"尽管时间充裕（实际用时15分钟），但学生错误百出，有些学生未注意到自变量的取值范围，没有将图像向两方无限延伸；有些学生则没能正确理解并感受"平滑曲线"的含义，而将函数$y=-x^2$的图像画成了折线段．

【案例12】"函数的图像"教学片段

教学内容同案例11，运用了现代教育技术进行教学．一上课，教师就利用"几何画板"软件直接显示了函数$y=x$和$y=x^2$的图像，用时极少．但在接下来的课堂练习"画出函数$y=-x+1$和$y=-x^2$的图像"中，学生却不知所措．这时教师意识到了由于初次接触函数图像，刚才在画函数$y=x$和$y=x^2$的图像时，忽略了"描点法"的步骤，漏掉了"列表""描点""连线"的过程，只是利用"几何画板"软件一步到位地给出了图像．于是教师连忙在黑板上补充"列表"，然后指着大屏幕讲解"描点"……一堂课下来，课堂教学效率比案例11略有提高，容量也略有增加，但总体感觉学生对"函数图像的意义"理解得并不十分理想．

案例评析：

案例10中，整节课高频率地运用现代教育技术，其实只是达到用屏幕替代小黑板的作用．由于"滥用"——片面追求大容量，因此看似高效率，但真的高效率吗？试想，面对狂轰乱炸的题目，学生来得及消化吸收吗？那么多道题，有的题学生还没来得及好好审，教师就开始讲下一道题了．再说课堂中的"小插曲"，由于解题方法的不确定性，教师有必要在课件中预设好辅助线吗？要知道，辅助线应是即时生成的．教师要根据学科特点选用合适的教学软件，以便课堂中即时操作，或者在学生读题时教师在黑板上画图，这样就可让学生在黑板上直接添加辅助线．现代教育技术与传统教学手段相结合，有何不可呢？

难道一定要全程运用现代教育技术吗?

案例11中,虽然教室里现代教育设备一应俱全,但教师却没有加以利用,一节课下来,效率低下,且学生当堂掌握率不高,令人感到可惜.如果能适当使用现代教育技术,充分发挥多媒体课件直观、形象、生动、快速等方面的特点,则既可以让学生切实理解函数图像的含义,又能大幅度提高课堂效率,何乐而不为呢?

案例12中,教师有了运用现代教育技术的意识,但对运用的时机与方式把握不当.因此,在操作中,程序上出了差错:过早地运用现代教育技术,即学生在对列表法的一般步骤尚不清晰的情况下,教师就过早地通过现代教育技术在大屏幕上快速显示了函数图像.这既不利于学生对函数图像的真正理解,也不利于学生掌握函数图像的画法.虽然课堂中教师“亡羊补牢”,但仍留有遗憾.所以现代教育技术的使用需要结合学科的具体要求.

视角9:作业适量

要点:练习难度和数量适当,要求明确具体,对不同程度的学生有切合实际的要求.

【案例13】“用字母表示数”教学片段

“用字母表示数”的巩固应用环节,教师布置以下作业:

星期日	星期一	星期二	星期三	星期四	星期五	星期六
	1	2	3	4	5	6
7	8	9	10	11	12	13
14	15	16	17	18	19	20
21	22	23	24	25	26	27
28	29	30	31			

春光明媚的三月是播种的季节,如图是一份三月的日历,观察画出的竖列上相邻的三个日期数,试填空:

(1)如果用 a 表示第一个数,那么,其余两个数分别是________,________;

(2)如果用 a 表示中间一个数,那么,其余两个数分别是______,______;

(3)如果某一个竖列上相邻的三个日期对应的三个数的和为60,那么这三天分别是______,______,______.

课堂显示,学生很快答出:

(1) $a+7$, $a+14$;

(2) $a-7$, $a+7$;

(3)部分学生由(2)的假设得出，三个数之和是 $(a-7)+a+(a+7)=60$，$3a=60$，得 $a=20$，故这三天分别是13号、20号、27号.

案例评析：

教师以贴近学生生活的日历为背景，设计了由浅入深的三道小题，学生解答也很流畅，但这是学生已经初步理解为什么要用字母表示数及怎样用字母表示数后的练习环节.试想试题中已经做了提示，用字母表示第一个数、第二个数，学生几乎不用思考就很轻松地口答解决了，但其意识还是停留在教师的讲解层面，尚未转化为学生自己的理解.这也就是为什么我们经常感到教过的题目学生考试时仍不会的原因.

第三节 学生活动

学生活动这一维度包括3个视角.

视角10：参与面广

要点：积极响应教师的热切期待，参与学习活动兴趣浓厚.不同层次的学生都能充满自信，积极进取，获得学习成功的体验.

【案例1】“数据的收集与整理”教学片段

在教学七年级“数据的收集与整理”时，某教师并没有按照教材节次按部就班地进行教学，而是先带领全班同学到学校实验室进行“种子的发芽”实验，并安排如下任务：

任务1：5位同学从做实验的②号种子中，随机筛选100粒种子进行实验.

任务2：5位同学根据生物知识，记录实验室当天的温度、湿度等，填写数据报告.

任务3:周一到周五,分别由5位同学记录②号种子每天的发芽数量,填写记录表.

星期	周一	周二	周三	周四	周五
发芽数					

任务4:根据每天的记录表,3位同学进行种子的发芽数量统计,制成统计表.

任务5:3位同学用合适的统计图描述种子的发芽率.

任务6:3位同学用合适的统计图说明种子的发芽数量.

任务7:3位同学用合适的统计图反映种子的发芽规律.

任务8:全班同学根据以上同学提供的数据、图表,填写②号种子发芽的实验报告,并提出一些提高种子发芽率的建设性建议.

案例评析:

教学活动是师生积极参与、交往互动、共同发展的过程.新课标认为:有效的数学教学活动是教师教与学生学的统一,应体现"以人为本"的理念,促进学生的全面发展.

学生是数学学习的主体,在积极参与学习活动的过程中不断得到发展.学生获得知识,必须建立在自己思考的基础上,可以通过接受学习的方式,也可以通过自主探索等方式;学生应用知识并逐步形成技能,离不开自己的实践;学生在获得知识与技能的过程中,只有亲身参与教师精心设计的教学活动,才能在数学思考、问题解决和情感、态度方面得到发展.

教师通过实验的方法开展综合与实践活动,全班同学人人参与,兴趣高昂,不同层次的学生得到不同的发展,体现了新课标理念.

视角11:思维活跃

要点:主动参与教学活动,能够独立思考,勇于质疑并发表自己的见解.对知识的形成过程体验充分，结论领悟深刻，受到正确的情感、态度和价值观的熏陶.

【案例2】“解方程组”教学片段

师：过去我们解方程组 $\begin{cases}x+y=1, & (1)\\ y+z=6, & (2)\\ z+x=3 & (3)\end{cases}$ 时通常用哪些方法？(答案：代入法，加减法.)

师：代入法与加减法的目的是什么？(答案：消元.设计意图：提炼数学思想方法.)

只有几个成绩好的学生知道用消元法来解方程组，这时需要教师及时总结与提炼.

师：如何来解这个方程组？

让学生讨论，出现两种不同的解法(代入法与加减法)，鼓励两种意见的学生代表说说解题思路，借以给不会解的学生以启发(关注个体差异)，然后让两种不同解法的学生推荐代表上黑板展示，结果都是 $x=-1, y=2, z=4$.我肯定了学生的表现，对学生在解题过程中出现的细节问题(如格式、步骤等)作了纠正.(发挥学生学习的主体作用)

师：除了以上两种解法以外，还有哪位同学能有更好的方法来解呢？(开始延伸)

课堂立刻安静下来，有几个学生蠢蠢欲动，但结果还是停留在原来的解法上，没有新意.这时教师引导启发：方程组中每个方程只有两个未知数，但它们依次缺少一个未知数，如第一个方程缺少 z，总体来看方程组含有两个 x、两个 y、两个 z，能否构造一个同时含有 x, y, z 的方程呢？在这样的提示下，有一位同学给出以下解法：

将(1)+(2)+(3)得：$2x+2y+2z=10$，$x+y+z=5$.(4)

分别用(4)减去(1)，(2)，(3)得：$x=-1, y=2, z=4$.

学生很兴奋，觉得思路豁然开朗.教师总结概括：这也是一种解法，它主要从总体上把握方程的结构，巧妙地利用代入法和加减法来解方程组，这种解法是利用整体思想来解的．因此，解决问题的方法不是一成不变的，我们要根据问题的特点采取行之有效的策略，当然基本方法还是很重要的（教师主导地位——引导、点拨、概括、总结）．

案例评析：

本节课的教学目标是利用典型的例题让学生通过“观察、思考、猜想、推理”等思维活动解决问题，让学生在实际情景中建立代数模型，掌握解决问题的基本策略和多样策略，激发他们的实践能力与创新能力．从实际教学效果来看，本节课基本实现了预设的教学目标．

教师通过恰当的问题，准确、清晰、富有启发性的讲授，引导学生积极思考、求知求真，激发学生的好奇心；通过恰当的归纳和示范，使学生理解知识、掌握技能、积累经验、感悟思想；关注学生的差异，用不同层次的问题或教学手段，引导每一个学生都积极参与学习活动，提高教学活动的针对性和有效性；以平等、尊重的态度鼓励学生积极参与教学活动，启发学生共同探索，与学生一起感受成功和挫折、分享发现和成果．

教师是学生学习活动的组织者、引导者、合作者，为学生的发展提供良好的环境和条件．教师的“组织”作用主要体现在两个方面：第一，教师应当准确把握教学内容的数学实质和学生的实际情况，确定合理的教学目标，设计一个好的教学方案；第二，在教学活动中，教师要选择适当的教学方式，因势利导、适时调控，努力营造师生互动、生生互动、生动活泼的课堂氛围，形成有效的学习活动．

视角12：知识掌握

要点：大多数学生能够较完整、准确地解释、表述所学的知识，能够运用所学知识及方法解决相关问题，培养并巩固良好的行为习惯和科学的学习方法．

【案例3】"解直角三角形的应用"教学片段

如图，一艘船以20 nmile/h的速度向正东航行，在A处测得灯塔C在北偏东60°，继续航行1 h到达B处，再测得灯塔C在北偏东30°. 已知灯塔C四周10 nmile内有暗礁. 请问这艘船继续向东航行是否安全？

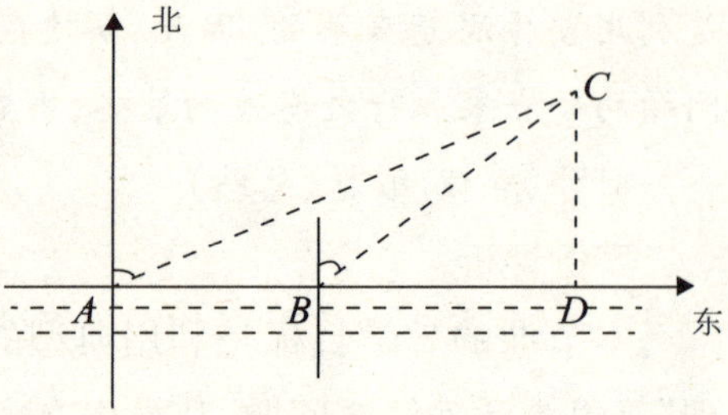

【说明】学生必须要理解清楚问题"这艘船继续向东航行是否安全". 只有进行审题才能知道，船离灯塔C的最近距离大于10 nmile是安全的. 所以本题最后就是求C到AB的距离CD.

案例评析：

学生要较完整、准确地解释、表述所学的知识，必须认真审题. 全面掌握题意是解题的基础.

第一，认真读题，有时不妨让学生集体朗读试题. 全面理解题意，能清楚理解全部条件和结论. 需要注意的是：有的题目的条件或结论并末明确提出，需要学生自己去发现.

第二，准确作出必要图形，包括示意图. 值得注意的是：一些学生为了节约时间，往往作图马虎，不能充分认识作图的重要性. 正确的图形对解题有重要的启示作用，而不正确的图形往往会造成错觉，引出错误的考虑，浪费时间. 只有准确作图，才是正确解题、节约时间的最好途径. 有的问题只要作出图形，立即就会得到解决.

第三，想方设法实现转化. 必要时，要把语言和不宜于直接计算的算式化为能直接计算的算式，把不便进行数学处理的语言化为便于进行数学处理的语言.

第四，重视解题反思. 解题后的反思是指解题后对审题过程和解题方法及解题所用知识的回顾与思考，对试题涉及的知识进行拓展与延伸. 只有这样，才能有效地深化对知识的理解,提高思维能力.

总之,知识的形成和发展是一个循序渐进的过程,要让学生弄清知识的来龙去脉,教师必须要熟练地驾驭教材,有随机应变的能力.在课堂上,教师能及时猜想和判断学生的思维动向,把握和捕捉启发的时机,做到启而得法,启而能发.知识的推进有一个循序渐进的过程,要一环紧扣一环地提出问题,改变问题的条件或结论,一题多变或多题一解,让知识逐步升华、加深,这样学生才会感兴趣,积极思考,教学效果会比较好.

第四节 基本素养和课堂文化

教师的基本素养主要包括教师的职业道德素养、知识素养、能力素养和职业心理健康素养四个方面.其中教师的知识素养包括政治理论修养、学科专业科学文化知识和教育科学文化知识,教师的能力素养包括语言表达能力、教育教学能力、组织管理能力、自我调控和自我反思能力.作为评课人,主要侧重评价授课教师是否能准确把握数学的概念、原理,正确理解数学内容所反映的数学思想方法和数学的本质;是否能把握数学知识内在的联系;教学过程中是否有科学性错误、知识性纰漏和常识性差错;是否能准确把握学生数学学习心理,有效激发学生的数学学习兴趣;是否能根据学生的思维发展水平选择多种形式的教学方式,贯彻启发式教学思想;是否能恰当把握对学生数学学习活动指导的“度”;是否具有良好的教学组织和随机应变的能力等.这些方面具体可以从“语言与教态和板书与教具”两个视角来评价.

同时,新课标指出:数学是人类的一种文化,它的内容、思想、方法和语言是现代文明的重要组成部分,课堂应该是这种文化交流、传播的主阵地.评价一节课有无渗透丰富的课堂文化,主要通过“思考、民主、创新、关爱”等视角加以观察和分析.

视角13:语言与教态

要点:语言精炼、生动,教态自然、亲切.

数学是一门语言精辟、逻辑严谨的学科,数学教师的语言组织和表达能力是影响教学效果的重要因素.苏霍姆林斯基认为,教师的言语修养在很大程度上决定着学生在课堂上脑力劳动的效率.心理学研究表明,学生的学习兴趣和学习成绩与教师表述的清晰度有显著的正相关,教师富于情感的语言能以声传情、以音动心、陶冶情操,使学生处于良好的情绪状态;教师准确无误、简约精炼、通俗易懂的语言能促使学生形成正确的概念和对知识的准确理解;教师形象生动的语言能使学生顺利地由形象思维过渡到抽象思维,由感性认识上升到理性认识;教师诱导、激励的语言具有创设情境、引发兴趣、启迪思维的作用.因此,一堂好的数学课应该是教师的数学修养和语言表述的完美结合.同时,数学与其他学科不同,它有自己独特的语言,主要有符号语言、图形语言和文字语言三种.作为一个数学教师,首先语言要科学正确、言简意赅、丰富流畅、富有感染力,其次教态要自然、亲切、大方.判断一个数学教师的语言表达能力如何,一般可以从以下几点来评价.

(1)教学语言具有准确性.准确简明是数学语言最基本的要求,只有在准确的基础上方可力求精炼,使教学信息明了化.作为教师在教学中除了尽可能运用普通话教学外,还应注意用词准确.

【案例1】“$|x|$”应读作“x的绝对值”,而不应说成“绝对值x”.再如:某教师在教授等腰三角形判定时说“底角相等的三角形是等腰三角形”,这种说法就不准确.因为还不知道是不是等腰三角形,怎么就说“底角”了呢?

(2)教学语言具有启发性.在教学过程中,教师不能把数学知识和规律直接灌输给学生,而要启发学生通过看、想、做等认识活动来理解知识和规律,让学生变被动学习为主动学习.

【案例2】某教师是这样指导学生证明两条线段相等的.

师：之前我们学过了哪些方法证明线段相等？

生：利用全等三角形性质和“等角对等边”.

师：那什么时候运用全等三角形性质？什么时候运用“等角对等边”？

生：当要证明的两条线段分布在两个三角形中，就运用全等三角形性质来证明；当要证明的两条线段分布在同一个三角形中，就运用“等角对等边”来证明.

师：那同学们结合题意和图形，看所给线段分布的两个三角形中，符合全等的条件有几个？够不够？

生：不够，只有一角一边.

师：不够，那怎么办？可以添加什么辅助线呢？常做的辅助线有哪些？

……

案例评析：

教师通过层层启发和循循引导，激发了学生的深入思考，使学生不仅完成了证明，而且掌握了证明的思想和方法.

(3) 教学语言具有趣味性.数学本身是枯燥的，在教学中适当的趣味引入，能使学生带着高涨、激动的情绪从事数学活动，对面前展示的数学知识感到惊奇，从中感受数学的无穷魅力，体验数学的乐趣.

【案例3】某教师教授高中必修4第一章三角函数时，首先让学生集体朗读诗词《周期》：“东升西落照苍穹，影短影长角不同.昼夜循环潮起伏，冬春更替草枯荣.”……

案例评析：

这首诗不仅很形象地刻画了自然界中存在的“按一定规律周而复始”的现象，而且体现了数学美，从而引入刻画周期现象的数学模型——三角函数.又如某教师在总结一元一次不等式组解集的确定方法时，就编了几句顺口溜：“大大取大，小小取小，大小小大中间找，大大小小是无解.”这既增加了课堂上的文学味，激发学生的学习兴趣，又使学生很快进入学习状态，提高了注意力，给学生留下了非常深刻的印象.

视角14:板书与教具

要点:板书清晰、合理,教具使用合理、有效.

所谓"板书"(包括黑板板书和电化板书),是有计划地在黑板上或屏幕上呈现的简明扼要的教学内容,是教师开展教学活动的重要手段之一,能体现数学教学的基本要求和教学直观性原则.好的板书能激发学生学习欲望,加深学生对所学知识的记忆、理解和掌握.但有些公开课或观摩课,只注重电化板书,而忽略了黑板板书.有的板书设计单调乏味,缺乏计划,往往东写一片,西画一片,随写随擦,支离破碎,学生难以观察,有的甚至一节课下来黑板上只留了一个课题名称,大大影响了知识的传授,降低了教学效果.评价一个教师的板书如何,主要看他的板书布局是否合理,简明扼要、富于启发性;是否能够突出重点,具有针对性、规范性和艺术性;是否正确、工整和美观.

【案例4】某教师在教完一元二次方程概念后做了如下板书:

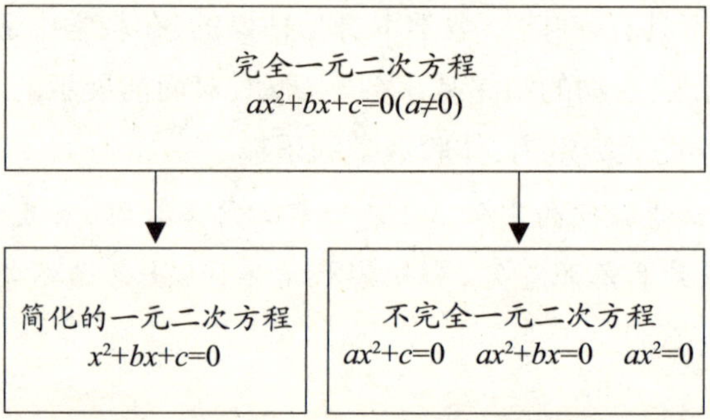

案例评析:

这种板书不仅可以揭示概念的本质属性,还能使学生对一元二次方程中$a\neq0$的印象得到再一次的加深.

随着科技日益发展,采用多媒体手段上课的教师越来越多.但形式要服务于内容,如何评价授课教师对多媒体的使用效果?首先看多媒体技术运用是否熟练,能否借助多媒体等技术进行数学课堂辅助教学.其次看使用的辅助教学工具是否有效甚至具有不可替代性,能否促进学生的数学课堂学习.最后看能否规范运用传统工具作出有关图形.同时,教学媒体要追求"必要性""平衡性""广泛性""实践性""有效性",要服务于数学概念、原理的实质理解,要使多媒体技术运用起到雪中送炭的作用,不能只是锦上添花,更加切忌画蛇添足.教师在制作多媒体课件和实施多媒体网络教学中,应当根据教学内容的性质和特点,做到化繁为简、化难为易、化抽象为具体.多媒体课件制作不要片面追求外观、过于追求视觉形象,否则屏幕渲染过度、附加信息和无关信息过多,非但不能起到调动学生注意力的作用,反而会容易分散注意力,对教学产生不良影响.

【案例5】如图(1),一个含8×8个小方格的正方形,可以被剪成四部分,用这四部分你可以重新拼成一个13×5的矩形,如图(2).

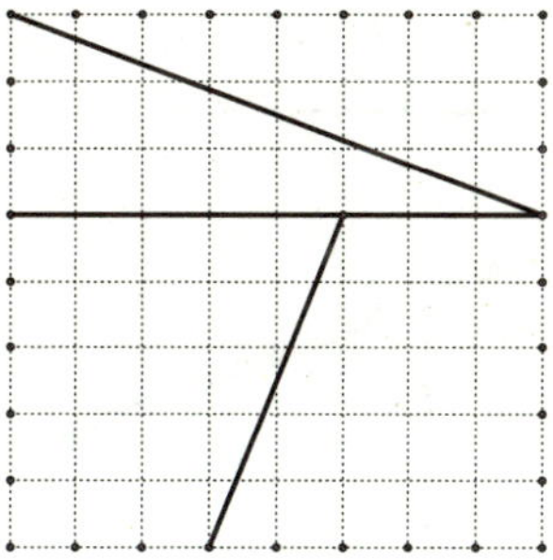

图(1)

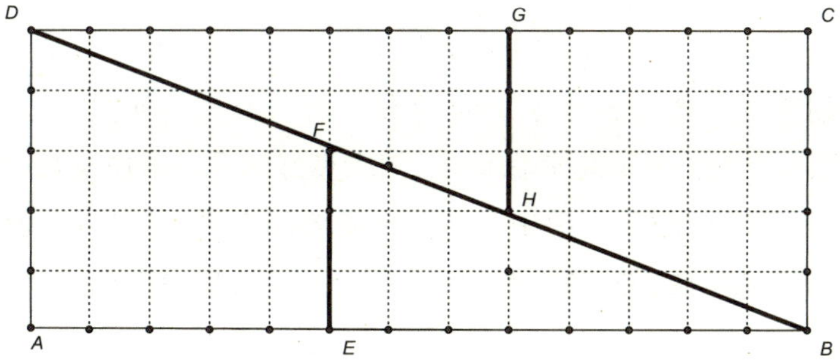

图(2)

于是有64=8×8=13×5=65.

(1)问题出在哪里？用大一点的方格纸做一做，你能解释出现这一“怪现象”的原因吗？

(2)观察正方形中被分成两直角三角形和两个直角梯形的直角边长以及所拼成的“矩形”的边长，它们分别为：3，5，8，13，你有什么发现吗？

案例评析：

这是一道极具探究价值的典型课题.如果我们仅仅依据提问直接说出问题答案(即裁剪的四块图形不能拼成矩形和3，5，8，13是不成比例的)，就会使学生理解不深、掌握不透.但是，如果教师课前能够做好充分准备，利用多媒体课件，多层次、多角度地展开动态演示(如图3)，就会使学生由表及里、茅塞顿开，发现不能拼成如图(2)这样的矩形，从而不被表面假象所迷惑.

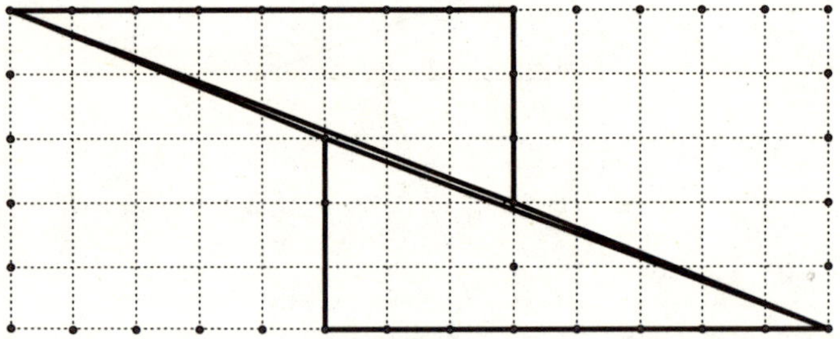

图(3)

课堂教学的有效性关键在于提高教师的基本素养.由于教师的劳动既是一种充满创造性的繁重的脑力劳动，又是一种兼有一定强度的体力劳动，所以教师必须有良好的身心素养做保证.健康良好的身心素质是教师职业素养的基础，它在教师的教学生活中起着非常重要的作用.它可以使教师在工作和生活中保持高昂振奋的精神和轻松愉快的心境，从而提高教学效率，保证教学质量.

视角15:创新与思考

要点:教学方法有创新,能激发学生思考.

斯托利亚尔曾经指出,数学教学是数学活动(思维活动)的教学,而不仅是数学活动的结果——数学知识的教学.数学知识、学生生活、数学活动情境、社会环境等都是不可缺少的数学资源,我们要充分挖掘和利用这些素材,创设丰富多彩的活动,帮助学生思考数学问题.

【案例6】某教师在讲解"用样本平均数估计总体平均数"时,首先提出"100万粒大米有多重?"让学生各自想出解决问题的办法.

有的学生提出先称出100粒大米的质量,然后算出每一粒大米的质量,从而估算出100万粒大米的重量.有的学生是先称出1千克大米的质量,然后数出它有多少粒大米,最后估算出100万粒大米有多重.也有的学生是先称出500粒大米的重量,然后估算出100万粒大米的重量……之后,教师顺势提出:"如何估算鱼塘里有多少千克的鱼""我市七年级学生有多少人"等问题情景,使学生在活动中探究新知,在解决问题中掌握新知.

案例评析:

纵观整堂课,教师打破教材的束缚,创新教学方法,精心创设一系列生活事例,引发学生思考,激发学生的学习兴趣,课堂气氛活跃,学生参与思考的积极性非常高.

视角16:民主与关爱

要点:课堂气氛民主、和谐,关心爱护每一个学生.

心理学研究表明,民主、和谐、融洽的氛围有利于师生、生生之间的情感和信息交流,使学习在较长的时间内处于一种亢奋、高效状态.由于学生注意力易分散,所以课堂气氛是课堂文化建设的首要内容,是学生健康、和谐发展的重要保证.数学课堂应让学生潜移默化地交流、对话,在学习中体验,在探索中进取，在活动中熏陶.

【案例7】某教师教学“黄金分割”的课堂情景.

首先在课前给学生布置预习计划：

(1)什么是黄金分割?

(2)为什么翩翩起舞的芭蕾舞演员要踮起脚尖？为什么身材苗条的时装模特还要穿高跟鞋?

(3)电视节目主持人在报幕时，站在舞台的什么位置最自然得体?

(4)为什么当温度在23 ℃时，人的身心感到最舒适?

(5)建筑和艺术上的精品都利用了黄金分割的知识，你能举出这些实例吗?

然后在课堂上充分发扬民主精神，通过各抒己见、合作与交流，完成新知学习任务.

案例评析：

学生在学习这个内容时，有一个很大的障碍就是学生刚学习了“线段的比”，因此对许多问题还只是“知其然不知其所以然”，如果教师直接用“线段的比”来定义“黄金分割”，就会使学生感到更加“糊涂”.所以教师先让学生课前预习，并对学习有困难的学生进行个别指导，学生根据预习计划查阅资料、上网搜索，在自主学习中获得独特的体验和理解的基础上，再通过课堂上的合作与交流，完成了学习任务.这样不仅调动了每个学生学习的积极性和主动性，而且发掘了学生的潜能，达到取长补短、优势互补的作用.

新课标提出数学课程应该实现：人人学有价值的数学，人人都能获得必需的数学，不同的人在数学上得到不同的发展.要实现新课程目标，必需抓住课堂教学这个主阵地，充分发挥教师的指导作用，引导学生感受数学文化.要不失时机地发挥数学教材的文化特性，展示数学美的内在魅力，彰显数学历史的教育价值；要努力营造有利于学生生动活泼、主动求知的学习环境，构建数学课堂文化；让学生的主体作用得到最大程度的调动；要让他们喜欢数学，喜欢用数学，让每一位学生得到不同的发展，让数学课堂具有生命的活力！

参考文献

[1]丁锦辉，张栩，高铁，等. 有效备课：初中数学[M]. 北京：光明日报出版社，2008.

[2]王家凤. 中学数学教学心理初探[M]. 上海：上海教育出版社，1995.

[3]张天雪，李娜. 教师教学准备行为评价指标体系的建构[J]. 当代教育科学（课程与教学），2011（6）：19-21.

第五章

课例研究

课例是以一课时为单位的研究案例，是对听评课活动的完整记录．课例撰写本身也是再次深入研究一节课的过程．开展课例研究有助于参与者积累教学研究过程性资料，有助于读者理解课堂教学过程．

本章选择的七个数学课例，既有初中的，也有高中的，都是来自于教学实践．这些课例评析从背景说明、教学实录、课后分析报告、反思报告四个方面全面介绍了各课的研究历程与成果．

《离散型随机变量的期望与方差》课例评析

◆背景说明

授课教师简介

何玉宝，高级教师，马鞍山市红星中学数学教师．曾获安徽省青年教师优质课比赛一等奖，且多篇论文获市级一等奖．

教学主题

《离散型随机变量的期望与方差》是高三复习课．该课把“如何由传统的知识性教学转向发展性教学”作为本节课的主要任务．

课例评析撰写教师

何玉宝、胡学平．

背景介绍

由传统的知识性教学转向发展性教学，是高中新课程赋予教师的一项重要任务．如何实现这一转变，值得我们一线教师深入研究．作为省级课题“中学数学听课与评课案例研究”的课题组成员，本人积极参与了相关研究．

在课题组组长的安排下,2011年3月,本人执教了一节高三数学第一轮复习公开课《离散型随机变量的期望与方差》.课后,课题组部分教师对本节课做了中肯的点评,对本人启发很大.因此,本人对本课进行整理与分析,借此与大家交流.

学情分析

红星中学是一所安徽省示范高中,学生学习素养较高,接受能力较好.

◆教学实录

教学目标

通过本节课复习,学生能进一步理解离散型随机变量的期望、方差的概念,能计算简单离散型随机变量的期望、方差,并能解决一些实际问题.解决有关期望、方差的问题,能进一步提高学生的归纳、分类、计算等综合能力,培养学生自主探索的精神.

教学重点

离散型随机变量的期望与方差的概念及应用.

教学难点

离散型随机变量的期望与方差的实际应用.

教学过程

一、通过实例,归纳概念

引例.已知随机变量ξ的分布列如下表:

ξ	1	2	3
P	0.2	0.5	m

则ξ的数学期望是________,ξ的方差是________.

师:期望、方差的概念是什么?求期望、方差的过程是什么?

生:先求出m=0.3,再通过计算求出ξ的数学期望是2.1,ξ的方差是0.49.

（师生共同总结期望、方差的概念及求期望、方差的过程，教师在黑板上板书.）

［设计意图］通过引例，导入期望、方差概念的复习，能加强学生对概念的理解.

二、讲解例题，提升能力

例1. 已知离散型随机变量X的分布列如下表：

X	-1	0	1	2
P	a	b	c	$\frac{1}{12}$

若$EX=0$，$DX=1$，则a ＝____，b＝____.

师：根据哪些条件或性质列出有关a,b,c的关系式？

生：利用分布列的性质、期望和方差的定义得出关于a,b,c的方程组.

师：请列出具体的式子，并计算出a,b的值.

生：由题意得$\begin{cases}a+b+c=\frac{11}{12},\\ -a+c+\frac{1}{6}=0,\\ (-1)^2\times a+1^2\times c+2^2\times\frac{1}{12}=1,\end{cases}$ 解得$a=\frac{5}{12}$，$b=\frac{1}{4}$.

（教师对准确、快速得出计算结果的学生加以表扬，指出计算能力也是高考考查的四大能力之一，同学们应加以重视.）

［设计意图］强化概念的理解应用，训练学生的计算能力.

例2. 某地区试行高考考试改革：在高三学年中举行五次统一测试，学生如果通过其中两次即可获得升入大学的资格，且不用参加其余考试. 而学生最多也只能参加五次测试. 若某学生每次通过测试的概率都是$\frac{1}{3}$，每次测试通过与否相互独立. 规定：若前四次都没通过，则第五次不能参加测试.

（1）求该生考上大学的概率；

(2)记该生参加测试的次数为ξ,求ξ的分布列;

(3)求ξ的期望.

师:问题(1)在什么情况时表示该生考上大学?

生:参加几次考试,在前面通过一次的条件下,最后一次也通过.

师:具体所表示的基本事件有哪些?

生(学生经过一段时间思考讨论):分为下面几种情况:

①第一次与第二次考试都通过,考试过程结束;

②前两次考试通过其中的一次,第三次考试通过,考试过程结束;

③前三次考试通过其中的一次,第四次考试通过,考试过程结束;

④前四次考试通过其中的一次,第五次考试通过,考试过程结束.

(教师对学生的回答加以鼓励表扬,指出这种分类思想是解决数学问题的重要思想,在科学研究过程中也是必不可少的.)

师:这种分类思路清晰,也很容易依此写出"该生考上大学"的概率的算式.但大家能否找到比此方法更简单的算法?

生:依据"正难则反"的思路,求出"该生考上大学"这一事件的对立事件的概率.

师:请同学们给出算式.

生:令事件A表示"该生考上大学",则

$$P(A)=1-\left[\mathrm{C}_4^1\left(\frac{1}{3}\right)\left(\frac{2}{3}\right)^3\left(\frac{2}{3}\right)+\left(\frac{2}{3}\right)^4\right]=1-\frac{112}{243}=\frac{131}{243}.$$

(教师总结上面的思路,并利用课件展示完整的计算过程.)

师:下面处理问题(2).请问ξ可取哪些值?它们分别包含了哪些基本事件?

生:ξ可取2,3,4,5(学生很容易得出).

师:"$\xi=2,3,4,5$"分别表示什么情况,与其对应的概率怎么求出?

生1:"$\xi=2$"表示"第一次与第二次考试都通过,考试过程结束."

教师同时用课件展示结论：$P(\xi=2)=\left(\frac{1}{3}\right)^2=\frac{1}{9}$.

生2："$\xi=3$" 表示"前两次考试通过其中的一次，第三次考试通过，考试过程结束."

教师同时用课件展示结论：$P(\xi=3)=C_2^1\cdot\frac{1}{3}\cdot\frac{2}{3}\cdot\frac{1}{3}=\frac{4}{27}$.

生3："$\xi=4$"表示"前三次考试通过其中的一次，第四次考试通过，考试过程结束."

教师同时用课件展示结论：$P(\xi=4)=C_3^1\cdot\frac{1}{3}\cdot\left(\frac{2}{3}\right)^2\cdot\frac{1}{3}+\left(\frac{2}{3}\right)^4=\frac{28}{81}$.

生4（经过思考讨论）："$\xi=5$"表示"前四次考试通过其中的一次，第五次考试无论通过与否，考试结束."

教师同时用课件展示结论：$P(\xi=5)=C_4^1\cdot\frac{1}{3}\cdot\left(\frac{2}{3}\right)^3=\frac{32}{81}$.

（教师对学生的解答过程加以修正，并且对学生良好的表现予以充分的肯定与表扬.）

师：故ξ的分布列为：

ξ	2	3	4	5
P	$\frac{1}{9}$	$\frac{4}{27}$	$\frac{28}{81}$	$\frac{32}{81}$

则ξ的数学期望：$E\xi=2\times\frac{1}{9}+3\times\frac{4}{27}+4\times\frac{28}{81}+5\times\frac{32}{81}=\frac{326}{81}$.

[设计意图]进一步巩固学生对随机变量期望概念的理解应用，培养学生的分类思想.

例3. 某一大学毕业生参加某一公司的笔试，共有5个问题需要解答，若该同学答对每个问题的概率均为$\frac{2}{3}$，且每个问题的解答互不影响.

（1）求该同学答对问题的个数ξ的分布列；

（2）求ξ的期望与方差；

（3）设答对一个题目得10分，否则扣1分，求该同学得分X的期望与方差.

师:你能很快得出ξ的分布列吗?

生(经过短时间的考虑计算得出):ξ的分布列为:

ξ	0	1	2	3	4	5
P	$\frac{1}{243}$	$\frac{10}{243}$	$\frac{40}{243}$	$\frac{80}{243}$	$\frac{80}{243}$	$\frac{32}{243}$

师:你求期望与方差的思路是什么?

生1:根据期望与方差的定义,通过分布列求出.

师:针对此题,你能用更短时间求出ξ的期望与方差吗?

生2:由题意知,答对的个数ξ服从二项分布,即$\xi \sim B\left(5,\frac{2}{3}\right)$,

师:由此题可知:ξ服从二项分布时,期望与方差可直接用公式$E\xi=np$,$D\xi=np(1-p)$求出.

生3:$E\xi=5\times\frac{2}{3}=\frac{10}{3}$,$D\xi=5\times\frac{2}{3}\times\left(1-\frac{2}{3}\right)=\frac{10}{9}$.

师:解决问题(3)的思路如何?

生4:求X的期望与方差可通过ξ与X的线性关系间接求出.令该同学的得分为X,故$X=10\xi+(5-\xi)\times(-1)=11\xi-5$,得分$X$的期望$EX=E(11\xi-5)=11E\xi-5=11\times\frac{10}{3}-5=\frac{95}{3}$,方差$DX=D(11\xi-5)=121\times D\xi=121\times\frac{10}{9}=\frac{1210}{9}$.

教师总结并用课件展示结论:

(1)当求随机变量的期望与方差时,若ξ服从二项分布,则用公式求解可大大减少运算量.

(2)公式:$E(a\xi+b)=aE\xi+b$,$D(a\xi+b)=a^2D\xi$.

[设计意图]培养学生的运算能力,且通过两种方法的对比,进一步巩固学生对二项分布期望与方差的理解和应用.

三、课堂练习，反馈检测

习题1. 今有两台独立工作的雷达，每台雷达发现飞行目标的概率分别为0.9和0.8，设发现目标的雷达台数为ξ，求$E\xi$的值.

生：ξ可取0，1，2，则

$P(\xi=0)=0.1\times0.2=0.02$，

$P(\xi=1)=0.9\times0.2+0.1\times0.8=0.26$，

$P(\xi=2)=0.9\times0.8=0.72$，

$\therefore E\xi=0.26\times1+0.72\times2=1.70$.

习题2. 一射手打靶射击，直到第一次中靶为止. 他每次射击中靶的概率是0.9，他有3颗子弹，射击结束后剩余子弹数目ξ的数学期望$E\xi=$______.

生：ξ可取2，1，0，则

$P(\xi=2)=0.9$，

$P(\xi=1)=0.1\times0.9=0.09$，

$P(\xi=0)=0.1\times0.1=0.01$，

$\therefore E\xi=2\times0.9+1\times0.09+0\times0.01=1.89$.

四、课堂小结，巩固新知

师：本节课我们重点复习了哪些知识点？

生1：求离散型随机变量期望和方差的方法，以及利用二项分布的期望和方差公式求期望与方差.

生2(补充)：期望和方差的性质：$E(a\xi+b)=aE\xi+b$，$D(a\xi+b)=a^2D\xi$.

(教师对学生的总结加以肯定及鼓励，同时对学生的表述内容进行板书.)

师：解决本节课设计的例题及习题，对学生的计算能力有较高的要求，同时对培养学生的分类思想有重要的意义.

[设计意图]对本节课的内容进行梳理，能使学生更好地掌握本节课的知

识内容.

教师课件展示并总结：

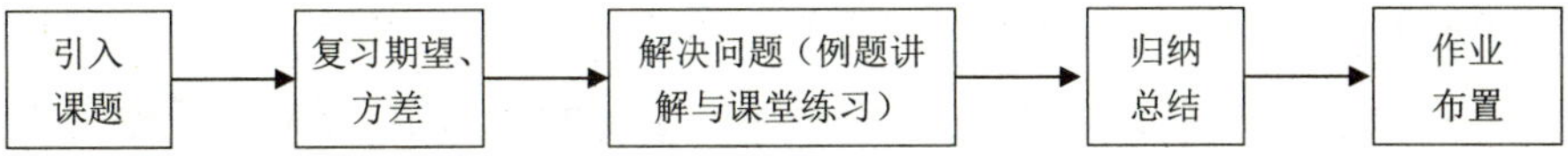

◆课后分析报告

一、紧扣教学目标，课前准备充分，体现“教学准备维度视角1”

好的课堂教学，要求对学生的前位知识有足够的了解，学情分析必须非常细致.因此，深究教学内容以设计出一个真正符合学生的教学设计是课前准备的首要环节.

本节课是一节高三数学第一轮复习课.之前，学生对离散型随机变量的期望、方差等有关内容已有一定的了解，也会利用期望、方差的知识去处理一些简单的问题.在此基础上，通过本节课典型例题的设计，培养学生哪些方面的能力与解题思想以及达到怎样的目的，本人都做了积极认真的思考.

课堂的开始阶段，通过设计一道难度不大的高考真题引入期望、方差的概念，力求让学生从解题过程中获得成功的体验，引发学生解决后面问题的兴趣与信心.例1的设计，还是基于对学生知识点的复习，并重点对学生的计算能力进行考查与训练.例2、例3的设计，基于两点考虑：一是考查学生的计算能力，二是培养学生的化归与分类能力.在例题与习题的设计过程中，本人选择与学生生活都很贴近的例子，如例2、例3都与学生的各种考试有关.

这种教学设计，既能很好地贯彻教学任务的实施，又能调动课堂教学的气氛、学生的积极主动性，这在教学过程中起到良好的效果.

二、注重教师活动，力求教学过程多彩，体现“教师活动维度视角4”

我们知道，课堂效率取决于课堂知识的灌输与学生当时的心境．因此，教师如何通过精妙的组织与引导，让学生能在愉悦的心情下，充分享受学习乐趣的同时，增长知识点、扩大知识面，从而不知不觉地理解和掌握教学任务中的知识，也是关注学生学习过程中的重要策略．

在组织本节课的教学时，本人把较为枯燥的概念复习融入一道简单习题之中，让学生在享受解题成功感的同时，加深对概念的理解．设计的典型例题，也都融入学生熟悉的情境中．在处理期望与方差的问题时，学生参与的热情高涨，提高了其分类与化归的能力，所以学生接受的效果可想而知．同时，在每一题的处理过程中，本人都会想好在什么阶段用什么样的语言甚至用什么样的语气对学生进行鼓励与表扬．课后听课教师点评，都提到本人与学生关系融洽，而这种良好的师生关系，与精心设置的课堂情境息息相关．

好的课堂情境，可以使课堂教学变得多彩．教学效果的增强，自然也在情理之中．

三、课堂教学思路清晰，关注学生活动，学生活动张弛有度，体现“学生活动维度视角10、11”

学生对涉及方差、期望内容的基本知识点、基本运算技巧已比较熟悉．本节课是让学生对这一部分的内容做一系统的回顾与总结，进一步提高学生计算、归纳、分类的能力．

在教学过程中，本人始终围绕教学目的，力求讲述的内容清晰．因此，对要教授的内容，本人也进行了认真细致的梳理，力求层次分明．

(1)引例重点是回顾概念，学生以口答形式完成．

(2)例1是为考查与提高学生的计算能力而设计，课堂上学生以练为主．例2、例3的处理，对学生的数学化归、分类能力有较高的要求．课堂上要积极引导学生讨论，与学生共同修正发生的错误，通过得出结论的过程，提高学生的解题能力，培养学生的解题思想.

(3)课堂小结由学生完成，这样有利于学生把掌握欠缺的知识点在后面的课堂教学中加以巩固.

从最后的教学效果来看，学生整个堂课气氛轻松、愉悦，课堂教学的有效性彰显充分.

四、利用教师教学专业素养，提升课堂品味，注重师生感情交流，体现"基本素养和课堂文化维度视角14"

"高深知识浅显化，枯燥知识趣味化，学科知识生活化."这是教师课堂教学方面追求的重要目标.教师必须以高品位的课堂来吸引学生，因为高品味的课堂就会有良好的教学效果.本节课，教师的激情与和谐、良好的师生关系给人以深刻印象.

(1)教师教学过程中始终保持高度的热情.热情是激情教师的特色所在.教师的热情可以使教师课堂上全身心地投入到教学中，体现在以下两个方面:一是教师教学声音铿锵有力，充满激情，以致学生感到听课是一种享受.教师语言要准确、通俗、新鲜和富有社会生活气息.因为精炼、幽默、生动富有激情的语言，能激发学生情感，引起学生共鸣.二是善于运用丰富的肢体语言，如手势、面部表情等.教师授课时的神采奕奕、激情满怀能使学生精神饱满、全神贯注.

(2)良好的师生关系也是本节课成功的基础.师生关系是课堂效率提高的基石.本节课自始至终都体现出民主、平等、和谐的师生关系.课堂上，每一个学生都能感受到自己的尊严，感受到自己存在的价值.教师每一个问题的提出，都能激发学生的自主研究.针对例2，部分学生提出了自己的思考方法，并且得到教师和其他同学的认可与赞扬.特别是教师在讲解例3时出现的口误，都有学生加以更正.这种场景出现在公开课上，实属难能可贵，也说明学生在课堂上的学习是用心与投入的.

◆反思报告

课后,结合各位听课教师的评课意见,本人对这节课做了认真思考,并对这节课中一些需要完备之处进行了总结,主要有以下几个方面:

(1)教学内容的处理可进一步完善.例如在对例题处理的过程中,若能互换例2、例3的位置,这样处理更有层次感,也更符合学生的接受方式.因为先处理例3,可以先复习二项分布的有关内容,而解决例2,需要应用数学的化归、分类两大思想,难度较大.课后有教师指出,讲解例3时,因为用到二项分布的有关公式,如果先与学生共同复习一下二项分布成立的条件,效果应该更佳.

课堂小结中,主要以学生自己总结为主,教师加以一定的引导,这起到了良好效果.但如果教师能与学生继续一起总结一下本节课所用的解题思想,会起到更好的效果.

(2)评价方式可进一步提高.在教学过程中,本人在每次学生活动之后,都能及时对学生进行积极评价,这一点受到各位听课教师的高度认同.但有教师指出,本人对学生活动过程中解题成功者点评恰如其分,但对解题失败者缺少积极、正面的鼓励与认可.在每一堂课中,如何让每一位学生都能充满热情地参与到教学中来,要求作为课堂组织者的教师,必须在"评价学生"的技巧与方法上加以提高与改进.只有这样,才能调动学生学习的主动性,课堂气氛才能真正的融洽、和谐.

(3)教学基本功需进一步扎实.如本人在上面提到的教学内容处理的不完全恰当,实际上体现了本人理解课程标准和把握教材的基本功尚有欠缺.要想让每一堂课变得精彩,教师就必须不断再学习,在备课、运用语言、设计板书、运用现代化教育手段、教学评价、组织教学等各方面提高自己的基本功能力.

总之,通过参加课题组的听课、上课和评课活动,通过对各类公开课的教学准备、教师活动、学生活动、教师基本素养和课堂文化四个维度进行评价和总结,本人得到了锻炼,经历了成长,积累了经验,取得了收获.

《运用基本不等式求最值》课例评析

◆背景说明

授课教师简介

吴金娟,高级教师,马鞍山市骨干教师.

教学主题

高中数学人教A版必修5《基本不等式》第三课时——《运用基本不等式求最值》.

课例评析撰写教师

李秋荣、胡学平.

背景介绍

为了进一步推进省级课题"中学数学听课与评课案例研究",提升教师的课堂教学水平,反思课堂教学的有效性,红星中学在全体教师中开展"上好课、评好课"活动.这节课内容难度较大,探究性较强,所渗透的思想方法较多.如何在教师的引导下,让学生通过探究与尝试、经历与体验,在自主探索中对数学知识进行认知建构,该校吴教师在开设的这节公开课中做了富有成效的尝试. 作为课题组的一名成员,本人全程参与了听课、评课活动.在活动过程中,感受到了授课教师如何将课堂还给学生,如何充分体现学生的主体地位.课题组的专家及听课教师从不同维度对本节课的点评,也让本人深受启发. 为此,本人对比课例进行了整理与分析,供大家借鉴与交流.

学情分析

任教班级是该年级的实验班,学生数学基础较好,思维活跃.

◆教学实录

教学目标

学会正确使用基本不等式求最值，提高学生在实践中分析问题和解决问题的能力，培养学生在探究中交流合作的能力.

教学重点

正确使用基本不等式求最值.

教学难点

通过配凑构造使用基本不等式的条件.

教学准备

多媒体课件.

教学过程

一、复习回顾，引入新课

引例1.请判断下列基本不等式运用的正误：

(1) 若$x>0$，$y>0$，则$\lg x+\lg y\geqslant 2\sqrt{\lg x\cdot\lg y}$；

(2) 若$y=\frac{4}{|\cos x|}+|\cos x|\geqslant 2\sqrt{\frac{4}{|\cos x|}\cdot|\cos x|}=4$，则$y$的最小值是4；

(3) 若$x<0$，则$x+\frac{4}{x}\leqslant -2\sqrt{-x\cdot\frac{4}{-x}}=-4$；

(4) 若$x<0$，则$2^{x}+2^{-x}>2\sqrt{2^{x}\cdot 2^{-x}}=2$.

[设计意图]由具体的例子，让学生回顾基本不等式的结构及成立条件.

师：你如何判断？正确的结果有哪些？

生1：直接根据基本不等式和基本不等式成立的条件，判断得(3)(4)正确.

师：很好. 因为(1)中$\lg x$，$\lg y$有可能为负数，(2)中$|\cos x|$可能为0，不满足基本不等式条件，显然(3)(4)正确.

引例2. 已知a,b,c是不全相等的实数，求证$a^2+b^2+c^2>ab+bc+ca$.

生2：因为$a^2+b^2\geqslant 2ab$，$b^2+c^2\geqslant 2bc$，$a^2+c^2\geqslant 2ca$，所以，以上三式相加，即可得出结论.

师：思路很好. 但求证的结论中是“>”，而从你的证明中得到的是“≥”，所以还有补充说明的吗?

生3：因为当且仅当$a=b=c$时等号成立. 又因为a，b，c是不全相等的实数，所以$a^2+b^2+c^2>ab+bc+ca$.

师：很好. 在连续运用基本不等式时应注意什么?

生4：取等号条件要一致，不等号方向要一致.

[设计意图]让学生在具体问题中感悟使用基本不等式应注意的前提条件.

二、变式探究，深化延伸

探究一

例1. a，b是正数且$a+b=4$，求ab的最值.

师：看是否满足基本不等式成立的条件?

生5：满足，即为“一正、二定、三相等”.

师：你能求出ab的最大值吗?

生6：根据$ab\leqslant\left(\frac{a+b}{2}\right)^2$，得$ab\leqslant 4$，即$ab$的最大值是4，当且仅当$a=b=2$时取“=”.

师：回答得很好. 请看下面的变式1.

变式1. a，b是正数且$2a+b=4$，求ab的最值.

生7：$ab=\frac{1}{2}\times 2ab\leqslant\frac{1}{2}\times\left(\frac{2a+b}{2}\right)^2=2$，当且仅当$2a=b=2$时取等号.

师：很好，请大家看变式2.

变式2. a，b是正数且$2a+3b=4$，求ab的最大值和此时a，b的值.

生8：$ab=\frac{1}{6}\times 2a\cdot 3b\leqslant\frac{1}{6}\times\left(\frac{2a+3b}{2}\right)^2=\frac{2}{3}$. 即$ab$的最大值是$\frac{2}{3}$，当且仅当$2a=3b$. 即$a=1$，$b=\frac{2}{3}$时取最大值.

师：回答得相当好. 利用基本不等式求最值时，很多时候需要配凑，方可利用已知条件.

[设计意图]利用基本不等式求最值时，注意成立的条件. 此处由例题的变式，让学生体验怎样根据已知去创造条件，即如何配凑出基本不等式成立的条件，从而求出相应的最值.

探究二

例2. 已知a，$b\in\mathbf{R}^+$，$a+b=1$，$y=\frac{1}{a}+\frac{1}{b}$，求$y$的最小值.

师：如何利用已知条件？

生9：由$a+b\geqslant 2\sqrt{ab}$得，$2\sqrt{ab}\leqslant 1$即$\sqrt{ab}\leqslant\frac{1}{2}$，而$y=\frac{1}{a}+\frac{1}{b}\geqslant 2\sqrt{\frac{1}{ab}}\geqslant 4$，当且仅当$a=b$时取等号. 即$a+b$的最小值是4.

生10：$y=\frac{a+b}{a}+\frac{a+b}{b}=2+\frac{b}{a}+\frac{a}{b}\geqslant 2+2=4$，当且仅当$a=b=\frac{1}{2}$时取等号.

师：两位同学完成得都很出色. 若换成下面的变式，又该如何处理呢？

变式3. 已知a，$b\in\mathbf{R}^+$，$\frac{1}{a}+\frac{2}{b}=1$，求$a+2b$的最小值.

生11：因为$a+2b\geqslant 2\sqrt{a\cdot 2b}=2\sqrt{2}\sqrt{ab}$，由已知得：$\frac{1}{a}+\frac{2}{b}\geqslant 2\sqrt{\frac{1}{a}\cdot\frac{2}{b}}$ $\Rightarrow 1\geqslant 2\sqrt{\frac{2}{ab}}\Rightarrow\sqrt{ab}\geqslant 2\sqrt{2}$，所以$a+2b\geqslant 2\sqrt{2}\times 2\sqrt{2}=8$.

师：请大家分析一下他的做法，是否合理？你有没有其他做法？

生12：$a+2b=(a+2b)\times 1=(a+2b)\left(\frac{1}{a}+\frac{2}{b}\right)=5+\frac{2a}{b}+\frac{2b}{a}\geqslant 5+2\sqrt{\frac{2a}{b}\cdot\frac{2b}{a}}=9$.

师：请大家比较两位同学的做法，谁的方法正确？

生13：第二位同学的做法正确.

师:第一种方法为什么不对?

生14:第一种方法中两次使用基本不等式时,取等号的条件不同.

师:很好.多次使用基本不等式时要考虑取等号的条件是否一致.

(师生共同分析第一种方法中的不妥之处,强调多次使用基本不等式应注意"一正、二定、三相等"的条件.)

[设计意图]学生在探究过程中,有可能使用错误的方法,从而导致结论错误.在多次使用基本不等式时,若取等号的条件不一致,则导致最终取不到等号.这样设计的目的是让学生在自己或别人的错误中,寻找到正确的做法,也意识到"一正、二定、三相等"这一条件的重要性.

探究三

例3.正数 a, b 满足 $ab-(a+b)=1$,求 $a+b$ 的最小值.

师:能否从已知出发,构造出与 $a+b$ 有关的不等式?

生15:根据 $ab\leqslant\left(\frac{a+b}{2}\right)^2$,代入已知中得 $\left(\frac{a+b}{2}\right)^2-(a+b)\geqslant1$,通过解不等式即可求出 $a+b$ 的最小值.

师:很好.

(师生共同完成解答,再次强调要考虑基本不等式成立的条件.)

变式4.若直角三角形周长为 $4+2\sqrt{2}$,求此三角形面积的最大值.

师:能否将已知条件转化为数学语言?

生16:设两条直角边为 a, b,则 $a+b+\sqrt{a^2+b^2}=4+2\sqrt{2}$,求 $\frac{1}{2}ab$ 的最大值.

师:很好.那接下来该如何解决这个问题呢?

生17:因为 $a>0$, $b>0$, 所以 $a+b\geqslant2\sqrt{ab}$,$\sqrt{a^2+b^2}\geqslant\sqrt{2ab}$,即 $2\sqrt{ab}+\sqrt{2ab}\leqslant4+2\sqrt{2}$,得 $\sqrt{ab}\leqslant2$,从而得此三角形面积的最大值是2.

师:很好.这位同学两次使用基本不等式,考虑了不等号的方向和取等号的条件了吗?

生18:在这两个不等式中,取等号的条件都是“$a=b=2$”,故成立.

师:很好.

(师生共同完成解答. 解答过程中,让学生更加明确每一步的严密性.)

[设计意图]由直接应用基本不等式求最值延伸到创造条件去使用,学生成功地避免了例2变式中的错误,达到对基本不等式应用的巩固和提升.

三、课堂练习

习题1. a, b都是正数且$2a+b=2$,求$a(1+b)$的最大值和此时a, b的值.

(师生共同分析,教师板书解题过程.)

解:$a(1+b)=\frac{1}{2}\times 2a(1+b)\leqslant\frac{1}{2}\left(\frac{2a+1+b}{2}\right)^2=\frac{1}{2}\times\left(\frac{3}{2}\right)^2=\frac{9}{8}$,即$ab$的最大值是$\frac{9}{8}$,当且仅当$2a=1+b$.即$a=\frac{3}{4}$, $b=\frac{1}{2}$时取最大值.

习题2. 若a, b都是正数且$a^2+2b^2=2$,则$a\sqrt{1+2b^2}$的最大值是______.

(分小组讨论,寻求解题思路. 由小组选出代表讲述解题过程,教师板书.)

解:$a\sqrt{1+2b^2}=\sqrt{a^2(1+2b^2)}\leqslant\sqrt{\left(\frac{a^2+1+2b^2}{2}\right)^2}=\frac{3}{2}$,即$a\sqrt{1+2b^2}$的最大值是$\frac{3}{2}$,当且仅当$a^2=1+2b^2$.即$a=\frac{\sqrt{6}}{2}$, $b=\frac{1}{2}$时取最大值.

师:通过完成以上例题和思考题,你能尽快选择公式吗?你有哪些感受?

生19:对于有些题目,还不能很快选择公式,但对于基本不等式的结构有了更深刻的认识.

生20:更加明确使用基本不等式时,必须要先考虑条件是否成立.

四、课堂小结

师:两位同学结合自己的实际,回答得很到位. 下面请大家共同总结本节课学习的知识点.

（师生共同完成课堂小结.）

五、布置作业

作业略.

◆课后分析报告

一、教学目标设置合理，课前准备充分，体现“教学准备维度视角1、2”

这节课的课前准备做得非常充分，由于是《基本不等式》第三课时的内容，所以教师设置的教学目标是：学会正确使用基本不等式求最值，提高学生在实践中分析问题和解决问题的能力，培养学生在探究中交流合作的能力. 该目标的设置既符合教材内容的设置，又符合学生认知规律的发展.

二、课堂教学方法采用恰当、调控得当，体现“教师活动维度视角7、8”

本节课是以师生平等关系为基础，依托学生的自主探究活动，以对话的方式推进教学的. 在教师的引导下，通过教师与学生、学生与学生之间的相互启发和讨论，如在探究二的变式练习中，学生不同的想法产生了不同的做法，当然有的做法是不正确的，但是教师都给大家提供了展示的机会. 教师总是站在学生的角度上，充分利用学生解题的偏差，抓住典型的错误，通过提问与追问，明确错误的原因，和学生共同纠错. 在相互讨论辨析中，基本不等式成立的条件，即“一正、二定、三相等”，学生对此有了更深刻的体验，比教师反复强调的效果要好得多，同时实现了学生个体对知识的自主建构和学生主体的全面发展.

本节课是以探究式的形式来促进学生思维发展的. 教师在学生探索的基础上，总是适时地加以调控和引导，通过提出一些问题引导学生的探究方向. 如在探究三的变式练习中，教师问“能否将已知条件转化为数学语言”，其实就是一个引导，这样学生就能很快进入探究的过程中.

三、以问题引领,关注学生思维的发展和对知识的掌握,体现"学生活动维度视角10、11、12"

本节课的知识是以探究的形式呈现,即恰当借助多媒体教学手段,引导学生进行自主探究. 在课堂上,学生能够充分发挥自己的积极性,其活动有如下特色:

首先,教学过程中,教师充当一名组织者,提出需要解决的问题,学生在问题的驱动下积极展开探究活动.而对于本节课中的每一个问题,都有学生举手回答,这在高中课堂中实属难能可贵.这是本节课的一大亮点.

其次,在问题的驱动下,学生思维活跃,针对每一个探究及其变式,不同的学生有着相同或不同的解决途径.课堂上,大家各抒己见,有正确的也有错误的,但每一个学生通过观察、分析、归纳、猜想、验证等数学活动,都能获得信心的积淀、思维的发展.

第三,在教师的引导下,完成每一个探究和变式的内容之后,学生都会自觉地归纳出不等式成立的条件和使用基本不等式时的注意事项. 虽然问题不同、情境不同,但在这些不同探究中都可得出共同的结论即本节课的教学重点:正确使用基本不等式求最值.在探究一中提炼出"配凑法",探究二中提炼出"常值代换法",探究三中提炼出"构造不等式法"或进行"不等量代换法",这些结论和方法有利于学生掌握本节课的知识.

四、教师的专业素养,增强了课堂的感染力,体现了"基本素养和课堂文化维度视角13、16"

教师高超的教学技巧、端庄优雅的举止、和蔼亲切的语言、整洁规范的板书,都为本节课增添了不少亲和力和感染力. 学生在探究中学习,在体验中感悟,其探究总是朝着教师预设的方向发展.但教师的高明之处,在于让学生感受到新知的获得虽是"山雨欲来之势",却又有"似曾相识之感",使学生对方法的掌握是水到渠成,对问题的解决是得心应手.

而且，教学过程中，学生都是坐在自己的座位上回答问题，与大多数课堂不同．同时，教师成为学生中的一员，与学生平等交流，和学生相互分享彼此的思考、见解和知识．在探究过程中，学生始终拥有被信任、被期待的感觉，思维非常活跃，不时被激起智慧的火花．如在探究二中，学生由“$a+b=1$”想到将要求的式子中的“1”换成“$a+b$”，然后再用基本不等求最值．这是多么富有创意的想法，是学生的灵感和智慧的碰撞，是对数学学习的一种超越和创造．

◆反思报告

本节课的不足之处有以下三点：

（1）课堂反馈不是十分及时．例如在探究一中，也许教师预设时是要求“最大值”，但在课件中是求“最值”．解答过程中，学生只求出“最大值”，没有求“最小值”，教师没有发现就过去了，这样做是不合理的．最值包含最大值和最小值，若无最小值时，也要说明．

（2）课堂反馈不是十分准确．例如在探究二中，学生提出用“$b=1-a$”进行代换，没有被教师重视，其实若不用不等式知识，而是依照这位学生的想法，即利用二次函数亦可求出最值，这也不失为解决此问题的一个好途径，但却被教师忽略了．若教师长期这样忽略学生的想法，将不利于培养学生的发散思维．

（3）对学生的评价不够具体．学生每回答一个问题，若得到教师的肯定，最多只是两个字“很好”．教师如果进一步肯定该学生好在何处，不足在哪里，不仅对回答问题的学生是一种激励和提醒，对其他学生也是一种示范和启迪．

《合情推理之类比》课例评析

◆背景说明

授课教师简介

张超,中学一级教师,马鞍山市红星中学数学教师.曾荣获2014全国新媒体新技术教学应用研讨会教学课评比一等奖,第七届全国中小学互动课堂教学实践观摩活动现场说课一等奖.

教学主题

本课内容是高中数学人教A版选修1—2中第二章《推理与证明》第一节的第一课时.推理与证明是一种基本思维方式,也是人们学习和生活中经常使用的思维方式.推理与证明思想贯穿于高中数学的整个知识体系,本节内容将类比推理的一般方法进行必要的总结和归纳,同时也对后继知识的学习起到引领的作用.

课例评析撰写教师

张超、胡学平.

背景介绍

各类学科都强调类比的思想方法,因为该方法能使得不同的内容在内在逻辑上相互产生联系,便于知识的迁移和化归.本节课是在归纳推理的基础上继续学习合情推理,从学生熟悉并感兴趣的具体例子入手,分析它们所反映的思维方式,从中挖掘、提炼出类比推理的一般过程,并概括其含义,最后通过例题、练习加深学生对类比推理的认识.

新教学技术在近几年得到突飞猛进的发展,教师除了要更新教学观念,也要及时更新教学技术.本人在本节课中也尝试摸索了一些新的课堂技术手段.

在课题组组长的安排下，2015年2月，本人执教了一节高二年级录像课《合情推理之类比》.课例在2014全国新媒体新技术教学应用研讨会展示后，陆续收到全国各地很多教师的点评和建议.为了进一步推进省级课题“中学数学听课与评课案例研究”，本人对这节课的教学水平和有效性进行了整理与分析，借此与大家交流.

学情分析

听课对象是省重点中学高二文科雅思班学生，基础参差不齐.在知识方面，学生已经学习过高中阶段大部分的知识板块，具备一定的知识储备；在能力方面，初高中已将类比推理渗透到教材的很多章节，有的学生已经在潜意识中能够不自觉地应用.因此，在教学中，教师应注意从学生已学过的数学实例和生活实例出发，唤起学生的经验，找到知识的生长点.

◆教学实录

教学目标

了解合情推理的含义，能利用归纳进行简单的推理，体会并认识合情推理在数学发现中的作用，提高类比化归意识.

教学重点

合情推理的定义及归纳推理的定义.

教学难点

能进行简单的合情推理，掌握归纳推理的基本方法，提高数学思维能力.

教学准备

学生预习课本，搜集类比在生活中的实例.

教学过程

一、创设情境，引入课题

师：当看到天空乌云密布，我们会想到什么？

生:天要下雨了.

[设计意图]展示一个乌云密布、电闪雷鸣的视频动画,通过一个生活常识,通俗易懂地引入数学知识和概念.

师:这是一个什么推理? 它有什么特点?

生:归纳推理.它是由特殊到一般的推理.

[设计意图]复习归纳推理的结构性特征.

幻灯片:中国古代笑话集《雅谑》记载,有个人的母亲笃信佛,一天到晚念“南无阿弥陀佛”.于是有一天,这个人一早起来便喊:“妈!”母亲答应了他.过一会他又喊:“妈!”母亲又答应了他.可这个人还是没完没了地喊.母亲终于被喊烦了,便没好气地说:“不在! 不在! 你烦不烦?”这个人笑着说:“我才喊了您几声,您就不高兴了.那“南无阿弥陀佛”每天不知被您喊多少遍,不知他该怎样发脾气呢!”

师:这还是归纳推理吗? 为什么?

生:不是.归纳推理是由特殊到一般的推理.

[设计意图]通过一个非常能接近学生内心的一个自黑式笑话迅速吸引学生的注意力,让学生体会数学于生活中无处不在.

幻灯片:展示大量的地球与火星相同的动画气象资料.

 地球	 火星
行星、围绕太阳运行、绕轴自转	行星、围绕太阳运行、绕轴自转
有大气层	有大气层
在一年中有季节的变更	在一年中有季节的变更
温度适合生物的生存	部分时间的温度适合某些已知生物的生存
有生命存在	猜想:可能有生命存在

师:火星存在生命吗？这是一个凭空的推断还是科学猜想？

(教师持续分析地球和火星的若干相似特征.)

师:大家现在知道为什么火星人的猜想非常流行,而没有什么水星人、金星人的猜想了吗?

生:是因为地球和火星的相似属性最多,所以火星上有生命的可能性最大.

[设计意图]让学生体会科幻小说及电影中的幻想也不是毫无根据,而是知识累积后思维上的一种突变.

师:你能说说这些问题中所用到的推理方法的含义吗?

生:两个相似属性群体里,应该有相似的性质.

[设计意图]通过两种推理的相同点与不同点,突出本节课的内容,引入新课.

二、新知探究

幻灯片:类比推理的含义和特点:由两类对象具有某些类似特征和其中一类对象的某些已知特征,推出另一类对象也具有这些特征的推理,称为类比推理.简言之,类比推理是由特殊到特殊的推理.

师:你能举出生活或学习中类比推理的例子吗?

生:芜湖、南京、铜陵长江大桥对本地市民是免费通行的,所以将来马鞍山长江大桥对本地市民也一定会是免费通行的.

师:非常好.我们所学的数学知识有没有是通过类比得到的?

生:等差与等比数列、平面与空间等.

师:类似等差数列、等比数列的定义是否可以定义等和数列或等积数列?

生:任意相邻几项的和为定值,称为等和数列.任意相邻几项的积为定值,称为等积数列.

[设计意图]再次让学生体会数学源于生活,但高于生活.

小结:类比的关键是找到合适的类比对象,类比的依据是两者之间的相似性.

类比推理的步骤:第一步,寻找合适的类比对象;第二步,由一类对象的已知特征推测另一类对象也具备这些特征,得出一个猜想;第三步,检验猜想.

三、典题精析

例1.类比实数的加法和乘法,列出它们相似的性质.

分析:引导学生从加、乘运算参与的个数、所满足的运算律、“0”与“1”分别在运算中的地位等角度进行类比.

师:给出实数加法的几则运算性质,你们能想到乘法的哪些性质?

类比角度	实数的加法
运算结果	若 a, $b\in\mathbf{R}$,则 $a+b\in\mathbf{R}$
运算律 (交换律和结合律)	$a+b=b+a$,$(a+b)+c=a+(b+c)$
逆运算	加法的逆运算是减法,使得方程 $a+x=0$ 有唯一解 $x=-a$
单位元	$a+0=a$

生1:若 a, $b\in\mathbf{R}$,则 $ab\in\mathbf{R}$.

生2: $ab=ba$,$(ab)c=a(bc)$.

生3:乘法的逆运算是除法,使得 $ax=1$ 有唯一解 $x=\dfrac{1}{a}$.

生4: $a\cdot 1=a$.

[设计意图]通过两种简单的不同的运算性质,让学生体会类比的内在逻辑关系.

师:请同学们类比等差数列与等比数列,试列出它们类似的性质.

等差数列$\{a_n\}$,公差为 d
若 $m+n=p+q$,则 $a_m+a_n=a_p+a_q$
若 $m+n=2p$,则 $a_m+a_n=2a_p$
a_k,a_{k+m},a_{k+2m},…构成公差为 md 的等差数列
若s_n 为前 n 项和,则 s_n,$s_{2n}-s_n$,$s_{3n}-s_{2n}$ 成为公差为 n^2d 的等差数列
$a_n=a_m-(m-n)d\ (n\geqslant m)$

生1:若 $m+n=p+q$,则 $a_m \cdot a_n = a_p \cdot a_q$.

生2:若 $m+n=2p$,则 $a_m \cdot a_n = a_p^2$.

生3: a_k , a_{k+m} , a_{k+2m} ,…构成公比为 q^m 的等比数列.

生4:若 s_n 为前 n 项和,则 s_n , $s_{2n}-s_n$, $s_{3n}-s_{2n}$ 成公比为 q^n 的等比数列.

生5: $a_n = a_m \cdot q^{n-m}$ $(n \geq m)$.

[设计意图]通过已学习过的知识点来深化概念的形成过程,让学生体会类比推理概念的内在特征.

例2. 试将平面上的圆与空间的球进行类比.

分析:圆的定义:平面内到一个定点的距离等于定长的点的集合.球的定义:到一个定点的距离等于定长的点的集合.

幻灯片:圆 ⟷ 球　　弦 ⟷ 截面圆　　直径 ⟷ 大圆

周长 ⟷ 表面积　　面积 ⟷ 体积

[设计意图]通过展示立体图形从直观图到正视图的过程,让学生体会三维空间到二维平面的转换.

师:我们继续给出圆的若干性质,请同学们类比出球可能具有的类似性质.

圆的性质
圆心与弦(不是直径)的中点的连线垂直于弦
与圆心距离相等的两条弦长相等;与圆心距离不等的两条弦长不等,距圆心较近的弦较长
圆的切线垂直于过切点的半径;经过圆心且垂直于切线的直线必经过切点
经过切点且垂直于切线的直线必经过圆心

生1:球心与截面圆(不是大圆)的圆点的连线垂直于截面圆.

生2:与球心距离相等的两截面圆相等;与球心距离不等的两截面圆不等,距球心较近的截面圆较大.

生3:球的切面垂直于过切点的半径;经过球心且垂直于切面的直线必经过切点.

生4:经过切点且垂直于切面的直线必经过球心.

[设计意图]通过拔高性的训练,夯实学生概念形成的过程,最终让学生自发地运用知识解决问题.

师:通过例1、例2你能得到类比推理的一般模式吗?

生:先找相似的属性,再找相似的结论.

小结:类比推理的一般模式:如果A类事物具有性质 a , b , c , d ,B类事物具有性质 a' , b' , c' (a , b , c 与 a' , b' , c' 相似或相同),那么B类事物可能具有性质 d' .

例3.类比平面内直角三角形的勾股定理,试给出空间四面体性质的猜想.

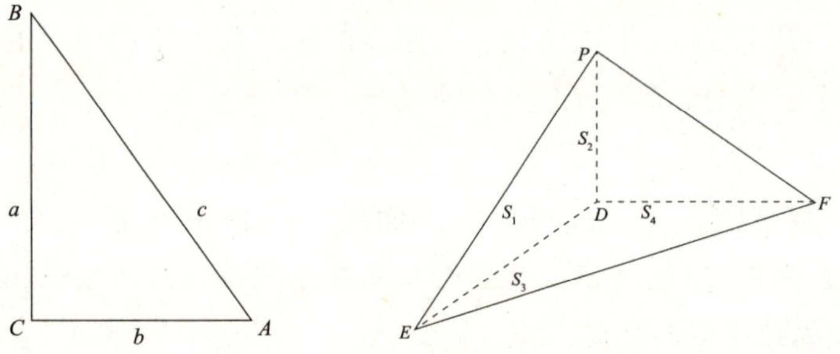

直角三角形	3个面两两垂直的四面体
$\angle C = 90°$	$\angle PDF=\angle PDE=\angle EDF = 90°$
三边长度分别是 a , b , c	4个面的面积分别是 S_1 , S_2 , S_3 , S_4
两条直角边 a , b 和一条斜边 c	3个直角面 S_1 , S_2 , S_3 和斜面 S_4

师:类比勾股定理 $a^2+b^2=c^2$ 的结构,我们猜想可能有什么结论呢?

生: $S_4^2=S_1^2+S_2^2+S_3^2$.

[设计意图]通过陌生的知识点,有限时间内学生仅仅能依靠类比的内在逻辑去得到答案,凸显类比推理的重要性和意义.

小结:平面几何和立体几何两者在逻辑体系结构、构成问题的基本元素、研究对象和方法等方面都有非常相似的地方.从维度升高的角度来看,它们的基本元素之间有如下的对应关系.

平面图形	点	线	边长	面积	线线角	三角形
空间图形	线	面	面积	体积	二面角	四面体

四、课堂小结

师:本节课我们主要学习了什么内容?

生:类比推理.

师:什么是类比推理?

生:根据两个(两类)对象之间在某些方面的相似或相同,推演出它们在其他方面也相似或相同,像这样的推理通常称为类比推理.

师:主要过程和步骤是怎样的?

生:一是找出两类对象之间的相似性或一致性;二是用一类对象的性质去推测另一类对象的性质;三是猜测新的结论(结论未必正确).

教师课件展示并总结:

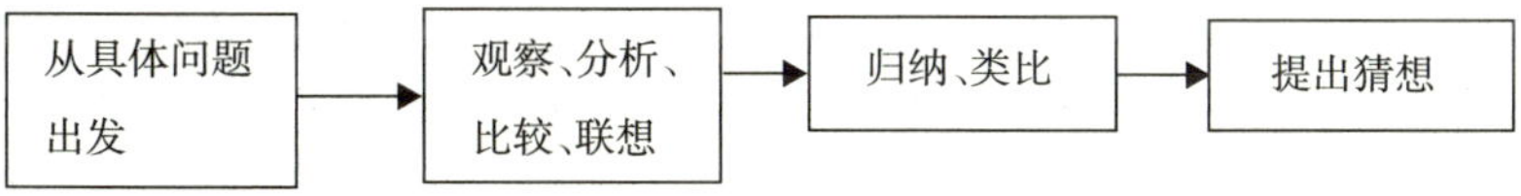

◆课后分析报告

一、课前准备

充分的课前准备是上好课的前提和基础,也是提高课堂教学效率的前提和基础.课堂教学前,教师安排学生预习、查阅资料、调查了解等活动,使学生对教学内容有一定的认知.这样,课堂教学中,学生已经懂的,教师倾听与其交流;学生说不清楚的,教师点拨、引导;学生想不明白的,教师引导、讲解.本节课的备课准备特色鲜明,要点如下:

(1)严格按照教学大纲制订教学目标,对教学内容准备充分.熟知教学重点、难点及学生能力、情感的发展特点，明确教学的主攻方向.

(2)教学程序井然有序.依据学生的认知规律、教材内容和教学目标，设计好教学程序，使教学过程有张有弛、层次分明，充分体现教学的规律.本节课的概念形成阶段，学生的思维是发散的，因为类比推理在生活中的实例太多.如何不漏痕迹地引导学生往既定方向但同时又自然地接受，这是一个非常困难的过程.

(3)与教学相关的其他事项的准备中，最突出的就是利用现代化教育技术让课堂知识在屏幕上生动地重现.在图形关系中，教师从空间图形的直观图转换到正视图，需要通过大量的软件工具才能得到适合课堂展示的图片.从课堂上看，教师明显使用了几何画板、截屏软件、PowerPoint、白板程序等若干软件，要想把几者有机地结合起来，同时还要保证课堂的流畅性，不能让学生有任何停顿、生涩的感觉，这期间需要教师做大量的工作.在知识的选择上，教师也经过深思熟虑，选择的题材由生活中常见的场景到小学、初中学习过的熟悉的知识概念，再过渡为学生掌握的还不够熟练的等差、等比数列，最后通过学生非常陌生的知识点来衬托出本节内容的实效性，同时也检测了学生对本节内容的掌握程度，可谓一举两得.

二、教师的课堂活动实效性明显区别于一般的公开课

教学过程是一个师生双边统一的活动过程.任何学生在走进课堂之前，都不是一张白纸.根据建构主义的观点，知识是客观存在的，但是对于世界的理解和赋予的意义，每个人的领受是不同的，学习者在认知、解释和理解世界的过程中，建构属于自己的知识体系.本节课的知识点是人的一种感受，是一种内在技能.类比的能力只有优劣，没有对错，因此很难通过习题来对学生类比能力进行甄别，稍不留神可能就会对学生的创造力和想象力造成伤害.对于本节课的活动特色，本人尝试从以下两个方面来阐述：

(1)课堂活动生动，有效激发学生学习的兴趣，营造宽松的学习氛围.先通

过一个视觉冲击力很强的、电闪雷鸣的动画迅速聚焦学生的注意力，再通过一个孩子和母亲间非常普通的对话无间隙地引入本节课的课题，毫无违和感.我们知道数学不仅仅是一个认识过程，更是一个情感过程.对于这种情感教学，要注意培养学生学习数学的兴趣，给学生营造和谐、愉悦的课堂气氛，并让学生感受到数学在身边，于生活中无处不在.从而，打破数学的抽象性，打开学生的内心，让数学走进学生的内心.

(2)现代化的教学手段让人耳目一新，新技术使得知识的重现通俗易懂，有益于学生的及时反馈.课堂上利用现代化的教学手段(白板程序、几何画板等计算机多媒体技术)，让教师授课的内容变得通俗易懂、直观、新颖、有趣.传统教学使用的是粉笔、黑板。在本节课上，粉笔和黑板只是一种有效的补充，打破了以往粉笔和黑板充当知识的主要载体的功能.曾有人戏言：一支粉笔走天下.通过这堂课的教学，我们能明显发觉过去单调的教学手段，一定程度上制约了数学教学质量的提高和学生的发展.新技术下新课堂上需要新的教育技术，信息技术的发展使得教师的综合素质必须得到进一步的发展.随着大数据、云计算的发展，高效的信息教育技术必将得到广泛运用.因此，提高课堂教学效率，就要注意优化教学手段，跟上时代的步伐，并合理运用计算机等辅助教学技术.

三、教师引领，学生为课堂主体

作为学习的引导者，要求教师能激发学生的学习兴趣和动力.本节课教师课堂开始用一个电闪雷鸣、乌云盖顶的生动动画迅速吸引了学生的注意力，成功地对学生的注意力进行了聚焦.教师是学习发生的必要条件，学生是课堂教学最重要的资源，而教学是教师在学生遇到学习障碍时给予适当的点拨和指导.在每次类比的过程中，学生都有不同的答案，教师能够选取两种及以上不同的类比结论，让学生再次讨论并最终确定一个相对较优的结论.教师的教法要服务于学生的学法，要符合学生学习的规律，其主导作用要为促进学生的主体作用服务.为了使学生身心都得到全面发展,教师根据学生的个体差异性合理安排教学内容,使学生通过学习都能得到相应的进步.同时,教师应讲究学习方法的传授,注重培养学生理论与实践相结合的学习方法.作为学习的引导者,反对教师替代学生学习,反对诱使学生一步步进入教师预先设置的“教学圈套”,反对只重视传授知识和注重自己的讲授艺术而无视学生的存在.学生类比马鞍山长江大桥是否收费,说明学生关心社会的发展、关心时代的进步.此时,教师适时的点评使得学生得出了很好的结论.

四、教师的专业素养、现代化教育技术与手段的使用增强了其知识的光环

教师通过精炼生动的语言、自然亲切的教态,润物细无声地引导着学生靠近知识的殿堂.作为学习的主导者,教师很容易找到替代学生学习的借口,而且教师的知识水平必然客观地决定和制约着学生的学业水平,教师的见解、观点、思想也制约着学生的高度和视野.课堂上,教师和学生的类比结论,常常都不相同也不在设定范围内,教师会通过反复的比较和分析,让学生自己认识到结论的优劣。本节课还允许甚至鼓励学生保留自己的意见,这在教学上打破了传统,使得学生有了创新的欲望,也促使学生更深入地思考.

教师作为学习的主导者,要求学生“归从”于教师的教学要求、预设和结果.在这样一张密集的大网下,学习遭受诸多束缚,个性很难张扬,学生往往只是被动地接收知识.而在本节课的课堂上,教师不仅仅传授知识,更传授给学生乐观的生活态度.对学生每一个猜想的肯定,对学生每一个类比结果的尊重,必然会使得学生拉近和打破对数学的神秘感和距离感.

◆反思报告

对于本节课的反思,主要有以下三点:

(1)新技术新设备的使用对教师的综合素质要求越来越高.教师充当知识来源的主体性被弱化,在信息化高度发达的背景下,成长起来的学生已经能从互联网上接受到多种知识的展示形式，如文字、图片、动画乃至交互式的学习方式．这就要求教师要不断创新，对知识进行精心重组，才能最大程度地吸引学生的注意力，提高学生的学习兴趣．同时，新技术下丰富的课堂表现形式又不能遮掩住课堂知识传授的本质内容，稍微不小心就会把学生的注意力吸引到对电脑技术的关注上，从而淡化了对知识本身的关注．

(2)本节课中例题的选择上追求了“全”：有地球与火星的类比，有等差数列与等比数列的类比，有平面几何与立体几何的类比．授课教师力求通过不同的知识点让学生体悟类比的特征，同时也应该考虑到学生的接受程度．现如今文科高二学生是否能精准地把握好以上知识点，就是一个值得反思的问题．所以例题的选择上是否可以再简单一点，比如加法与乘法的类比、乘法与乘方的类比，虽然更简单，但对于本节知识内容的反映并不会褪色．

(3)类比推理的结果不是唯一的，正确性也是不确定的．不同的人、不同的时间、不同的地点得到的结果都是不同的，教师在课堂上对这种不确定性轻言带过。但是在讲解例题的过程中，教师一定要提醒学生注意这种结果的不确定性，不能让学生产生结果是唯一的这种误解．这会使得学生对未知领域产生一种敬畏之心，从而抹杀了学生的好奇心，进而遏制了学生的创造力和想象力．

《一元二次不等式及其解集》课例评析

◆背景说明

授课教师简介

李文君，马鞍山市骨干教师．曾获全国数学青年教师优秀课二等奖、安徽省数学青年教师优秀课一等奖，其论文多次获全国、省、市奖项．

教学主题

“先行组织者”教学策略是根据已知信息理解新信息的一种教学技巧，使用先行组织者有助于促进学习的迁移，对于需要解决问题的迁移测验项目也有明显的促进作用.本人以近期开设的市级公开课《一元二次不等式及其解集》为例，谈谈本人在教学设计和实践中借助“先行组织者”教学策略落实听评课中4个维度16个视角的探索和体会.

课例评析撰写教师

李文君、胡学平.

背景介绍

教学案例是教师在教学过程中，对教学的重点难点、偶发事件、有意义的典型的教学事例处理的过程、方法和具体的教学行为与艺术的记叙，以及对该个案记录的剖析、反思和总结.

作为省级课题“中学数学听课与评课案例研究”的课题组成员，本人积极学习相关理论并进行了实践研究.在听评课的4个维度中，本人详细研究了教学准备这一维度，对“先行组织者”教学策略做了相关研究.

学情分析

本节课安排在马鞍山市四中高一年级，属跨校借班上课，学生数学基础较差。上课之前所了解到的情况是有一部分学生可能一元二次方程都解不对，因此如何从学生学情出发，从学生的最近发展区出发，是本人备课时考虑最多的问题.最终创设了应用“先行组织者”策略，再以导入开始并以线性顺序呈现信息的学习情境.

◆教学实录

教学目标

(1)经历从实际情境中抽象出一元二次不等式模型的过程；

(2)通过函数图像探究一元二次不等式与相应函数、方程的联系；

(3)会解一元二次不等式;

(4)渗透函数与方程思想,数形结合思想.

教学重点

从实际问题中抽象出一元二次不等式模型,围绕一元二次不等式的解法展开,突出体现数形结合的思想.

教学难点

理解二次函数、一元二次方程与一元二次不等式解集的关系.

教学准备

多媒体课件.

教学过程

一、情境导入

引例.学校实施美化校园工程,准备修建一个周长为14米,面积超过11平方米的矩形花坛,问花坛长的取值范围.

解析:假设花坛的长为x米,则宽为$(7-x)$米.

由$x(7-x)>11$可得$x^2-7x+11<0$.

师:同学们认识这个不等式吗?会解吗?

[设计意图]为了开门见山,激发学生兴趣,不增加学生负担,情境导入没有采用课本引例,而采用了学生身边的实例.本例利用不等关系引出了一元二次不等式,唤起了学生对不等式的记忆,属上位组织者.

[教学启示]当上课时,教师问学生觉得校园美丽吗?激起了学生的爱校情节,同学们都觉得自己的校园美丽.当教师说学校准备进一步美化校园,让同学们帮忙解决一个问题时,学生不由地凝神聚气开始思考问题.教师在设计引例时充分考虑到了学生的感受与经验,为本节课知识的铺垫与展开奠定了良好的基础和愉悦的氛围.

二、新课讲解

1.一元二次不等式

定义:只含一个未知数,并且未知数的最高次数为2的不等式.

练习题:判断下列式子是不是一元二次不等式?

(1) $-2x^2+x\geqslant 5$;　　(2) $xy+3\leqslant 0$;

(3) $(x+2)(x-3)<0$;　　(4) $x^2-3x>x(x-1)$.

[设计意图]由上位组织者——引例,使一元二次不等式的定义明确呈现.

[教学启示]教师引导学生观察由引例得到的一元二次不等式的特征,给出一元二次不等式的定义并及时巩固,有效实现了教学目标.

2.一元二次不等式、一元二次方程与二次函数之间的关系

探究一.如何求下列一元二次不等式的解集?

(1) $(x-2)(x-5)>0$;　　(2) $(2x-1)(x+3)>0$;

(3) $a(x-x_1)(x-x_2)>0(a>0,\ x_1<x_2)$.

[设计意图]二次项系数大于0,且有两个不等根的一元二次不等式解集的探究,是建立在其与上位组织者——一元二次方程、二次函数关系的基础上的.让学生回忆一元二次方程的根、二次函数图像的零点,一是利用数形结合直观感受二次函数图像在x轴上方的图像满足函数大于0的要求,因此这部分图像的横坐标范围就是对应一元二次不等式的解集;二是利用此类一元二次不等式的解集,使学生初步感知二次项系数大于0,且有两个不等根的一元二次不等式的解集满足小于小根、大于大根取两边的特征.

探究二.如何求下列一元二次不等式的解集?

(1) $(x-2)(x-5)<0$;　　(2) $(2x-1)(x+3)<0$;

(3) $a(x-x_1)(x-x_2)<0(a>0,\ x_1<x_2)$.

[设计意图]继二次项系数大于0,且有两个不等根的一元二次不等式解集的探究后,探究二次项系数小于0,且有两个不等根的一元二次不等式的解集,

在其与上位组织者——一元二次方程、二次函数关系的基础上，让学生回忆一元二次方程的根、二次函数图像的零点，一是利用数形结合直观感受二次函数图像在x轴下方的图像满足函数小于0的要求，因此这部分图像的横坐标范围就是对应一元二次不等式的解集；二是利用此类一元二次不等式的解集，使学生初步感知二次项系数小于0，且有两个不等根的一元二次不等式解集满足大于小根、小于大根中间夹的特征.

[教学启示]设计时曾对第一上位组织者是选用一元一次不等式还是一元二次方程而纠结，最终选择直接用一元二次方程的原因是不想引导学生走弯路回到初中解不等式因式要同正、同负的解法.从实际教学效果来看，即使学生数学基础不够好，不会解一元二次不等式的解集，但只要对一元二次方程的求解较为熟悉，也能回忆起一元二次方程的根是二次函数图像的零点，且三者的关系在师生合作中得到认可.教学内容线条清晰明确，符合先行组织者原则.

探究三.如何求引例中一元二次不等式$x^2-7x+11<0$的解集？

解析：由$x^2-7x+11<0$可得$\frac{7-\sqrt{5}}{2}<x<\frac{7+\sqrt{5}}{2}$.

[设计意图]完成探究一与探究二后，将两个探究作为探究三的上位组织者，采用不断分化原则使教材的内容编排成序、逐层推进，引导学生探究更一般的一元二次不等式，从而前后呼应解决了引例中留下的问题.

[教学启示]学生在探究一、探究二的研究经验下，根据二次函数的零点与相应的一元二次方程根的关系画出二次函数图像，观察函数图像位于x轴下方的部分而知不等式解集，总结出了探究的成果，感受了成功的喜悦.

探究四：通过函数、方程、不等式之间的关系来解一元二次不等式.

△ 函数、方程、不等式	△>0	△=0	△<0
$y=ax^2+bx+c(a>0)$的图像	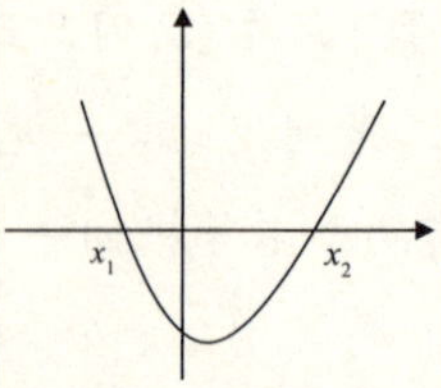	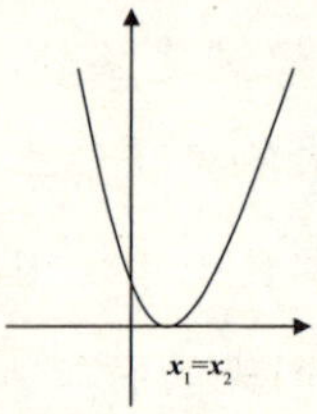	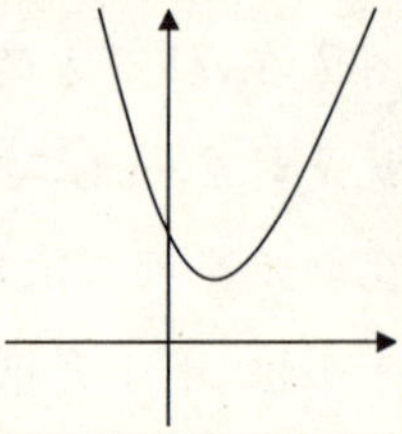
$ax^2+bx+c=0(a>0)$的根	$x=x_1$或$x=x_2$	$x_1=x_2=-\dfrac{b}{2a}$	无解
$ax^2+bx+c>0(a>0)$的解集	$\{x\mid x<x_1$或$x>x_2\}$	$\left\{x \middle\vert x\neq-\dfrac{b}{2a}\right\}$	R
$ax^2+bx+c<0(a>0)$的解集	$\{x\mid x_1<x<x_2\}$	Φ	Φ

师:请同学们思考,若 $a<0$,则一元二次不等式的解集又将如何?课后仿上表给出.

[设计意图]通过表格的形式汇总前三个探究的结果并推广,呈现学习任务与材料,根据学习的逻辑顺序,应用"逐级归纳"策略,明确组织,使知识的结构显而易见,帮助学生巩固了应用函数、方程、不等式之间的关系来解一元二次不等式的方法.

[教学启示]实际教学中,因为表格内容较多,所以按逻辑思考顺序逐条呈现,学生思路清晰,先行组织者策略取得了较好的效果.

三、一元二次不等式的解法步骤

例题.求下列不等式的解集.

(1)$x^2-3x-4>0$;　(2)$4x^2-4x+1>0$;　(3)$-x^2+2x-3>0$.

[设计意图]应用综合贯通原则,加强认知结构,属下位组织者.

[教学启示]一元二次不等式的解集与二次项系数、二次方程的根以及不等号有关,进一步引导学生总结求一元二次不等式解集的一般步骤:(1)审二

次项系数的正负；(2)计算判别式，判断方程是否有根；(3)如果有根，求出方程的根；(4)画出函数图像；(5)写出不等式的解集.

四、练习巩固

求下列不等式的解集：

(1) $(x+1)(x-3)\leqslant 0$；　(2) $x(x-9)>0$；　(3) $(x-2)^2<0$；

(备1) $x^2-3x-4>0$；　(备2) $-x^2+9x>0$.

五、总结反思

(1)一元二次不等式的定义；

(2)一元二次方程、二次函数与一元二次不等式的联系——函数与方程思想；

(3)利用函数图像求一元二次不等式的解集——数形结合思想.

六、布置作业

作业略.

七、思考提升

(1)解关于 x 的一元二次不等式 $(x-a)(x-2a)<0$；

(2)若函数 $y=\log_2(ax^2-ax+1)$ 的定义域为R，求实数 x 的取值范围.

[设计意图]下位组织者——练习、作业与思考，引领学生完成由知识巩固到提升应用，总结反思使一节课达到知识与思想的升华.

[教学启示]考虑到学生学情，安排了较容易的练习题目，但总感觉意犹未尽，于是安排了思考提升，既为了对知识做一个提升又为下节课的讲解做好铺垫.但思考提升实际教学中没有展开，只是安排了学生课后思考.

◆课后分析报告

一、学习理论，认真做好课前准备，体现“教学准备维度视角1、2”

1. 认真学习“先行组织者”教学策略理论，为本节教学做好理论准备

美国教育心理学家奥苏贝尔认为：假如必须把教育心理学还原为一部原理，那么影响学习最重要的一个因素是学习者已经知道了什么，弄清楚学习者知道了什么并在此基础上进行教学非常重要．总之，原有的适用观念是学习新知识的关键．正因如此，教师作为学生学习的引导者和合作者，应了解学生现有的发展水平，认清潜在的发展水平，定准合宜的发展要求，努力在数学课堂中创设学生的最近发展区，然后在学生的最近发展区施教，促进学生在最近发展区内发展．

“先行组织者”通常比要学习的新材料更一般、更具有概况性，并且与学习者认知结构内的原有知识联系密切，也最接近学生的最近发展区，所以它们不但具有整合或重组新知识的作用，而且还充当由已知通向未知的桥梁，起着沟通的作用．运用“先行组织者”教学策略的条件：①课堂教学中教师起呈现者、教授者和解释者的作用；②教学的主要目的是帮助学生掌握教材；③教师需要深刻理解奥苏贝尔的有意义学习理论和“先行组织者”策略；④预先准备的先行组织者必须符合学生原有认知结构并便于与学习材料组织同化．运用“先行组织者”教学策略的教学要求：①依据学生原有知识与经验水平进行教学；②讲授内容少而精，简而明；③讲授要引导学生理解关系，掌握一般或普通原理．

2. 认真做好教材分析与学情分析

本节课为高中数学人教A版必修5第三章第二节《一元二次不等式及其解集》的第一课时，从实际问题中抽象出一元二次不等式模型，引导学生理解二次函数、一元二次方程与一元二次不等式解集的关系，围绕一元二次不等式的解法展开，突出体现数形结合的思想．

本节课是市级公开课，安排在马鞍山市四中高一年级，属跨校借班上课，学生数学基础较差，上课之前所了解到的情况是有一部分学生可能一元二次方程都解不对，因此如何从学生学情出发，从学生的最近发展区出发，是本人备课时考虑最多的问题．最终创设了应用“先行组织者”策略，再以导入开始并以线性顺序呈现信息的学习情境．

当然先行组织者并不是针对所有内容的，它只是针对新课内容中最重要、最关键和最难的知识点．因此，可以与探究式教学模式相结合以达到更好的效果．

二、精心设计组织者，教师以探究教学为引领传授新知，体现“教师活动维度视角 4、5、8、9”

当上课时，教师引导学生观察由引例得到的一元二次不等式的特征，给出一元二次不等式定义并及时巩固，有效地实现了教学目标．

设计时曾对第一上位组织者是选用一元一次不等式还是一元二次方程而纠结，最终选择直接用一元二次方程的原因是，不想引导学生走弯路回到初中解不等式因式要同正、同负的解法．从实际教学效果来看，即使学生数学基础不够好，不会解一元二次不等式的解集，但只要对一元二次方程的求解较为熟悉，也能回忆起一元二次方程的根是二次函数图像的零点，且三者的关系在师生合作中得到认可．教学内容线条清晰明确，符合先行组织者原则．

探究二与探究一属于一元二次不等式的解集知识点的并列组织者．归类、循序渐进的教学设计符合学生的认知规律，取得了很好的教学效果．探究三中一元二次不等式的解集和二次项系数、二次方程的根以及不等号有关，进一步引导学生总结求一元二次不等式解集的一般步骤:①审二次项系数的正负；②计算判别式，判断方程是否有根；③如果有根，求出方程的根；④画出函数图像；⑤写出不等式的解集．

考虑到学生学情，本课安排了较容易的练习题目，但总感觉意犹未尽，于是又安排了思考提升,既为了对知识做一个提升又为下节课的讲解做好铺垫.但思考提升实际教学中没有展开,只是安排了学生课后思考.

三、问题引领,学生在探究活动中循序渐进感悟新知,体现"学生活动维度视角10、11、12"

引例较好地调动了学生的学习兴趣,能促进学生积极探究新知,学生在有层次的三个探究问题的引领下,在探究一、探究二的研究经验下,根据二次函数的零点与相应的一元二次方程根的关系画出二次函数图像,然后观察函数图像位于x轴上、下方的部分而知不等式解集,轻松填写探究四的表格,总结出了探究的成果,感受成功的喜悦.实际教学中,因为表格内容较多,所以按逻辑思考顺序逐条呈现,学生思路清晰,先行组织者策略取得了良好的效果.

四、学习应用"先行组织者"教学策略,体现"基本素养和课堂文化维度视角15"

本节课在数学教学中创新合理地使用了"先行组织者"这一行之有效的教学策略,帮助学生在其已知的知识和未知的知识之间架起一座桥梁,提高其所掌握的知识的层次性、组织性,促使学生形成适当的、稳定的和清晰的认知结构,加强学生已有认知结构的清晰性、稳定性和可辨性.同时,该策略还为新知识的学习提供观念上的固定点,使学习者更有效地学习新材料,从而达到促进知识的有意义学习与保持的目的,有效实现了学生学习的迁移.教学过程中,学生乐于思考,反应活跃,课堂气氛良好.

◆反思报告

课后,课题组及参与听课的教师组织了评课,对本节课给予了较高评价,本人也感受到了认真学习教学理论的重要性.所以,在今后的教学中,本人将继续努力落实听课、评课的4个维度16个视角,不断提升教学能力,切实地结合教材和学生情况,有针对性地选用有效的组织者,有意识地实践"先行组织者”教学策略.然后,真正做到因材施教,让数学教学生动,使学生在数学课堂中乐于感悟数学知识,提高数学素养,提升数学思维形式.

《两角差的余弦公式》课例评析

◆背景说明

授课教师简介

汪冰,中学一级教师,马鞍山市第二十二中学数学教师.多篇论文在省、市级评比中获奖.

教学主题

《两角差的余弦公式》是新课标人教版数学必修4第三章第一课时的内容.

课例评析撰写教师

汪冰、胡学平.

背景介绍

高中新课程改革要求教师关注学生的自主性发展,这就要求一线教师深入研究教法的改变.作为省级课题“中学数学听课与评课案例研究”的课题组成员,本人积极参与了相关研究.

在课题组组长的安排下,2014年5月,本人执教了一节高中数学必修4第三章第一课时公开课《两角差的余弦公式》.课后,部分课题组教师对本节课做了全面的点评,对本人启发很大.为此,本人进行了整理与分析,借此与同仁分享交流.

学情分析

听课班级是本校该年级的重点班,学生数学基础较好,思维活跃.

◆教学实录

教学目标

(1)掌握两角差的余弦公式;

(2)学习利用代数方法研究几何问题的思想,体会数形结合的思想方法;

(3)培养学生探究能力、合作学习意识和创新精神.

教学重点

两角差的余弦公式的推导及其应用.

教学难点

用向量方法和几何方法推导两角差的余弦公式的理解.

教学准备

多媒体课件.

教学过程

一、复习回顾,创设情境

师:我们在初中时就知道 $\cos45°=\frac{\sqrt{2}}{2}$,$\cos30°=\frac{\sqrt{3}}{2}$,由此我们能否得到 $\cos15°=\cos(45°-30°)=$? 大家可以猜想,是不是等于 $\cos45°-\cos30°$ 呢?

生1:我认为不行,大家计算等式左右就可以发现 $\cos15°\neq\cos45°-\cos30°$.

师:说得很好,根据我们在第一章所学的知识可知,我们的猜想是错误的! 下面我们就一起探讨两角差的余弦公式 $\cos(\alpha-\beta)=$?.

[设计意图]在已经学习的知识基础上,抛出新知识引起学生的疑惑.在兴趣和疑惑中,激发学生的求知欲,引导学习方向.

二、提出问题，揭示规律

1.三角函数线法

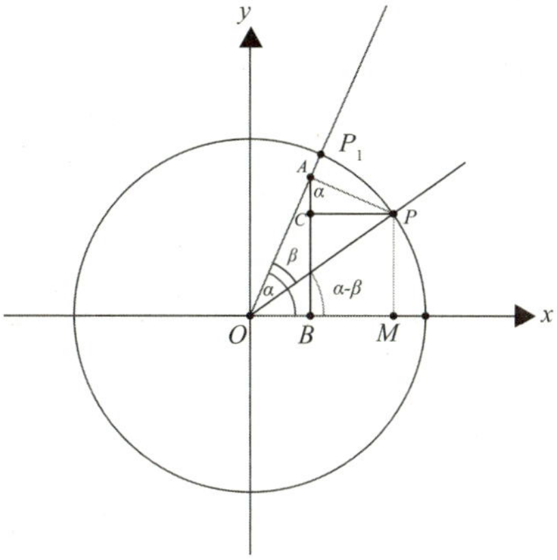

师：①怎样利用三角函数线作出角α，β，α-β的终边．

②怎样作出角α-β的余弦线OM.

③怎样利用几何直观寻找OM的表示式．

生2：第一个问题会，第二、第三个问题不会．①设角α终边与单位圆的交点为P_1，再作$\angle POP_1=\beta$，则$\angle POx=\alpha-\beta$．

师（播放动画课件）：②较①要难找一点，同学们看大屏幕．

②过点P作$PM\perp x$轴于点M，那么OM就是α-β的余弦线；

③过点P作$PA\perp OP_1$于点A，过点A作$AB\perp x$轴于点B，过点P作$PC\perp AB$于点C，那么OA表示cosβ，AP表示sinβ，并且$\angle PAB=\angle P_1Ox=\alpha$，于是$OM=OB+BM=OB+CP=OA\cos\alpha+AP\sin\alpha=\cos\beta\cos\alpha+\sin\beta\sin\alpha$.

［设计意图］尽量用动画课件把探索过程展示出来，使学生能从几何直观角度加强对公式结构形式的认识．

师：最后，同学们想想，公式推导的前提条件是什么？

生3：α，β，α-β都是锐角，且α>β.

2.向量法

师：我们能否利用向量知识来推导余弦的差角公式？

①结合图形，明确应选哪几个向量，它们怎么表示？

②怎样利用向量数量积的概念和计算公式得到结果．

③对探索的过程进行严谨性的思考和处理，从而得到合理的科学结论．

［设计意图］让学生经历利用向量知识解决一个数学问题的过程，体会利

用向量方法解决数学问题的简捷性.

小结:已知 $\overrightarrow{OA},\overrightarrow{OB}$ 为单位向量,且则 $\overrightarrow{OA}=(\cos\alpha,\sin\alpha),\overrightarrow{OB}=(\cos\beta,\sin\beta)$,由向量数量积的概念,有 $\overrightarrow{OA}\cdot\overrightarrow{OB}=|\overrightarrow{OA}|\cdot|\overrightarrow{OB}|\cos(\alpha-\beta)=\cos(\alpha-\beta)$.

由向量数量积的坐标表示,有 $\overrightarrow{OA}\cdot\overrightarrow{OB}=\cos\alpha\cos\beta+\sin\alpha\sin\beta$.

因为α,β都是任意角,所以$\alpha-\beta$也是任意角,但由诱导公式总可以找到一个 $\theta\in[0,\ 2\pi)$,使得 $\cos\theta=\cos(\alpha-\beta)$.

若 $\theta\in[0,\ 2\pi)$, 则$\overrightarrow{OA}\cdot\overrightarrow{OB}=\cos\theta=\cos(\alpha-\beta)$;

若 $\theta\in[\pi,\ 2\pi)$, 则$2\pi-\theta\in[0,\ \pi)$, 且$\overrightarrow{OA}\cdot\overrightarrow{OB}=\cos(2\pi-\theta)=\cos\theta=\cos(\alpha-\beta)$.

于是,对于任意角α,β都有 $\cos(\alpha-\beta)=\cos\alpha\cos\beta+\sin\alpha\sin\beta$.

三、应用公式,解决问题

例1.利用差角余弦公式,求$\cos15°$的值.

师:接下来先请同学们独立思考使用公式解决问题,然后交流(求解过程让学生独立完成,注意引导学生多方向、多维度思考问题).

生4:$\cos15°=\cos(45°-30°)=\cos45°\cos30°+\sin45°\sin30°=\cdots=\dfrac{\sqrt{6}+\sqrt{2}}{4}$.

生5:$\cos15°=\cos(60°-45°)=\cos60°\cos45°+\sin60°\sin45°=\cdots=\dfrac{\sqrt{2}+\sqrt{6}}{4}$.

师:这两位同学的解答都对,大家今后在使用两角差的余弦公式时应注意角的多方向变化.

例2.已知$\sin\alpha=\dfrac{4}{5}$,$\alpha\in\left(\dfrac{\pi}{2},\pi\right)$, $\cos\beta=-\dfrac{5}{13}$,β是第三象限角,求$\cos(\alpha-\beta)$的值.

师:同学们,联系公式$C_{(\alpha-\beta)}$和例2的条件,考虑好要计算$\cos(\alpha-\beta)$,应做哪些准备.

生6:缺少$\cos\alpha$和$\sin\beta$的值,我们可以利用正余弦同角基本关系得到.

师:这样就可以得到$\cos(\alpha-\beta)$的值吗?

生7:还要注意角的正、余弦的正、负值.

解:由 $\sin\alpha=\frac{4}{5}$, $\alpha\in\left(\frac{\pi}{2},\pi\right)$,得 $\cos\alpha=-\sqrt{1-\sin^2\alpha}=-\sqrt{1-\left(\frac{4}{5}\right)^2}=-\frac{3}{5}$.

又由 $\cos\beta=-\frac{5}{13}$,β是第三象限角,得

$$\sin\beta=-\sqrt{1-\cos^2\beta}=-\sqrt{1-\left(\frac{5}{13}\right)^2}=-\frac{12}{13}.$$

所以$\cos(\alpha-\beta)=\cos\alpha\cos\beta+\sin\alpha\sin\beta=-\frac{3}{5}\times\left(-\frac{5}{13}\right)+\frac{4}{5}\times\left(-\frac{12}{13}\right)=-\frac{33}{65}$.

小结:做题时要结合学过的三角公式和两角差的余弦公式,根据题目需要,求出一些三角函数值,使问题得到解决.

四、变式演练,深化提升

变式1. 利用两角和(差)的余弦公式,求$\cos75°$,$\cos105°$的值.

师:把一个具体角构造成两个角的和、差形式,有很多种构造方法.例如:$\cos105°=\cos(150°-45°)$,要学会灵活运用.

变式2. 求值$\cos75°\cos30°+\sin75°\sin30°$的值.

师:变式1很简单,同学们都会做,变式2有什么特别之处?

生8:也要使用两角差的余弦公式,但要逆用.

师:很好,逆用两角差的余弦公式可以帮我们求三角函数式的值.

变式3. 化简$\cos(\alpha+\beta)\cos\beta+\sin(\alpha+\beta)\sin\beta$.

生9:两角差的余弦公式里的角α和β,可以是个角度值,也可以组合起来构成公式里的角.

师:很好,这就是"变角"和"拆角"的数学思想,希望同学们掌握.

变式4. 已知α,β为锐角,$\cos\alpha=\frac{1}{7}$, $\sin(\alpha+\beta)=\frac{5}{14}\sqrt{3}$,求$\cos\beta$.

师:变式4就是类似的“拆角”方法,请大家尝试解决.

(生10到黑板板书.)

师:很好,他发现了 $\cos\beta=\cos[(\alpha+\beta)-\alpha]$ 的变化,从而利用两角差的余弦公式解决此题,而没有想到这个“拆角”方法的同学就无法形成正确的思路.

[设计意图]通过变式训练,进一步加深学生对公式的理解和应用,体验公式既可正用、逆用,还可变用.同时,还可使学生掌握“变角”和“拆角”的思想方法,培养了学生的灵活思维品质,提高了学生的数学交流能力,促进了学生思维的创新.

五、归纳总结,反思提炼

师:最后请同学们总结一下,本节课我们学习的主要内容.

生11:我们主要学习了两角差的余弦公式,

师:本节课要求同学们掌握公式 $C_{(\alpha-\beta)}$ 的推导,并能熟练运用公式 $C_{(\alpha-\beta)}$,那么我们需要注意什么?

生12:注意公式 $C_{(\alpha-\beta)}$ 既可正用、逆用,还可变用.

生13:在解题过程中注意角 α,β 的象限,也就是符号问题.

◆课后分析报告

一、授课前,教师目标明确、准备充分,体现“教学准备维度视角1、2”

《两角差的余弦公式》是新课标人教版数学必修4第三章第一课时的教学内容,是本模块第一章《三角函数》和第二章《平面向量》相关知识的延续和交汇.其中心任务是通过已学知识,探索建立两角差的余弦公式.它不仅是前面已学的诱导公式的推广,也是后面其他和(差)角公式推导的基础和核心,具有承前启后的作用,是本章的重点内容之一.

教师根据学情认真准备,精心编写学案和制作相关课件,学生课前认真预习本节课的内容,同时教师合理分组以便于上课时小组学习.这种教学设计既能很好地贯彻教学意图,又能增加教学的互动性、活动性,使课堂教学时学生心动、眼动、嘴也动,起到了事半功倍的效果.

二、课堂上,教师"搭台",学生"唱戏",体现"教师活动维度视角3、5、7、8"

本节课是对《两角差的余弦公式》的学习和应用,通过课堂教学使学生掌握并熟练使用这一公式,增强学生对诱导公式和向量方法的理解,培养学生自学和合作学习的意识.在教学过程中,教师始终围绕这一目的,引导学生活动,合理设计环节,层层推进.

课堂上,教师多让学生自主探究发现问题,以对话为教学手段,在教师的导演下,通过师生、生生等形式的互动激发学生的求知欲.如角的变形和公式的变式应用中,同学们提供了各自不同的做法,教师本着不论做法对错对学生都是有益的目的让学生充分展示,并及时针对学生暴露的各种问题,通过追问的方式,明确错误的原因,帮助学生及时纠正.在这样的辨析中,学生对两角差的余弦公式的使用条件和常用技巧有了更深刻的体验,比传统教学模式效果好.

多媒体辅助,优化课堂教学. 本节课,教师改变了单一的讲授,在多媒体辅助教学下,实现了多种教学方法的优化组合,促进了学生的自主学习、知识的能动构建.教师通过课前准备好的多媒体课件及时展现图片或动画以突破教学难点,辅助教学过程.教师给学生充分的时间思考、讨论,培养了学生合作学习的意识.整节课,学生都是在"唱主角".

三、问题驱动,探究收获,体现"学生活动维度视角10、11、12"

本节课的前半程是以探究的形式呈现,恰当借助多媒体教学手段,引导学生进行探究. 后半程是以例题训练为主,故学生的活动特色较多.

(1)问题引领,积极探索.课堂上教师提出问题,全班每一个学生都在积极思考参与其中.教学过程中,教师认真准备每个环节,都设计出难度恰当的问题,学生在问题驱动下较容易展开探究活动.本节课的一大亮点就是,每一个问题都有学生抢着回答.

(2)问题驱动,思维活跃. 针对每一个问题,不同的学生有着相同或不同的解决方法,大家学会分享. 分享彼此思考数学问题的方法,分享成功时的喜悦,这增强了学生的信心,提升了学生的能力.

(3)问题总结,由生变熟. 在经历例题和变式的训练后,同学们都基本掌握了使用两角差的余弦公式时的注意事项. 注意公式$C_{(\alpha-\beta)}$既可正用、逆用,还可变用;还掌握了“变角”和“拆角”的思想方法,并注意角的符号等.这些结论、方法的得出,虽是教师预先设计的,但也是学生在课堂学习中通过探究、体验、合作、感悟得到的.所以,学生对这些结论、方法印象深刻.

四、教师主导,和谐课堂,体现“基本素养和课堂文化维度视角13、16”

本节课上,教师语言精炼、举止得体、板书整洁,无不体现教师的高超教学技巧.具体表现在以下两个方面:

(1)师生平等,课堂平衡. 教学过程中,教师成为学生中的一员,与学生平等交流,和学生相互分享彼此的见解;教师的教态亲切自然,语言准确精炼,具有很强的感染力.教师关注学生,能及时表扬学生的每一个闪光点,所以学生有被爱的感受,思维非常活跃. 如在变式4中,学生想到$\cos\beta=\cos[(\alpha+\beta)-\alpha]$,这是很不容易的,是学生的灵感和智慧的优化.

(2)问题合理,高效课堂. 教师在课前要认真准备,让学生活动都在教师掌握中,这点不容易.教师的高明之处是,引导学生的探究能朝着教师预设的方向发展,所以要针对每一个环节反复推敲,准备恰当的问题,引领学生在“润物细无声中”完成教学任务.

◆反思报告

在评课过程中，对这节课的一些不足之处也进行了讨论，主要有以下两个方面：(1)整体教案处理上可进一步完善．例如强化习题准备较多，课堂上完成不了全部．(2)在教学过程中，教师对学生的活动及时做出评价，有表扬和鼓励，但涉及的学生都是组内代表，学生面较窄．从教师角度看，对大部分学生自信心及学习兴趣的提升要有所改进．

参考文献

[1]李秋荣．一节运用《基本不等式求最值》课例评析[J]．中学课程辅导·教师通讯，2012(9)：87-89．

[2]章立丰．课例：解三角形应用举例(第1课时)[J]．中学数学教学参考，2015(3)：23-25．

《线段的垂直平分线》课例评析

◆背景说明

授课教师简介

谷至民，高级教师，马鞍山市外国语学校教科室主任，马鞍山市数学学科带头人．

教学主题

《义务教育数学课程标准(2011年版)》指出：教师教学应该以学生的认知发展水平和已有的经验为基础，面向全体学生，注重启发式和因材施教．教师要发挥主导作用，处理好讲授与学生自主学习的关系，引导学生独立思考、主动探索、合作交流，使学生理解和掌握基本的数学知识与技能、数学思想和方法，获得基本的数学活动经验．本节课是修订后的沪科版数学教材八年级上册中的内容．

课例评析撰写教师

谷至民、刘义杰．

背景介绍

《线段的垂直平分线》是2015年12月8日在马鞍山市外国语学校开展的青年教师五项修炼活动中的一节示范课．课后，本校数学教研组同仁在司擎天教师的带领下对本节课进行了评课，现本人进行整理，与同仁分享．

学情分析

本届学生入学时全市公办学校数学排名第九，授课班级学生学习基础较弱．

◆教学实录

教学目标

掌握线段中垂线的画法，并明了“画”理；掌握线段中垂线性质定理及逆定理并能初步运用．

教学重点

线段中垂线的画法、性质定理及逆定理．

教学难点

线段中垂线画法、“画”理；性质定理逆命题的描述；性质定理的正确使用．

教学准备

多媒体课件．

教学过程

一、创设情境，引出课题

（出示幻灯片1）公路l同侧有A，B两村庄，市里拟出资在公路边修建一个停靠站C.

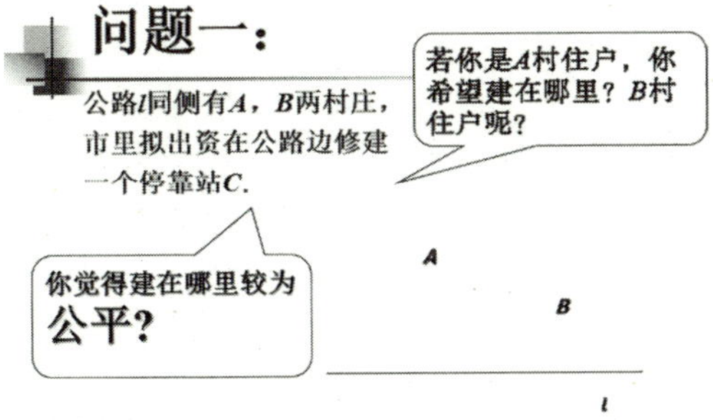

问题一:若你是A村住户你希望建在哪里?

(众生思考讨论回答.)

生1:应该过点A作直线l的垂线,垂足为C.

师:为什么呢?

生2:距离最近,垂线段最短.

师:若你是B村住户呢?

生3:那就过点B作直线l的垂线.

师:大家同意么?

生(众):同意!

师:那就有新问题了！你觉得建在哪里公平?

(众生思考讨论,未能答出.)

师:“公平”的含义是什么?

生4:C站应该到A,B两村的距离相等.

师:很好,我们今天要学习的内容就能帮助我们解决这个两难问题.

(师板书:§15.2线段的垂直平分线)

[设计意图]此处没有像教材那样直接介绍线段中垂线的画法,而是将教材P130页的这道“练习题1”前置作为问题情境,并将问题逐层分解,意在促成学生思考,造成认知矛盾,激起求知欲望.从而,让学生体验到数学是有用的,

学习数学是必要的.

二、新授——线段垂直平分线

1.线段垂直平分线的画法

师:前面我们学过了线段的垂直平分线定义,谁来告诉大家怎么画已知线段的垂直平分线?(教师在黑板上画出线段AB.)

生5:过中点画垂线.

师:如果刻度尺旧了看不清刻度,直角三角板也忘带了,不过圆规还在文具盒里,你能画出线段AB的中垂线吗?

(众生思考交流,七嘴八舌.)

生6:用圆规,分别以A,B为圆心画圆交于一点,过这个点画中垂线.

(教师操作并引导,先让半径小于AB的一半,造成没交点.)

生7:半径再大点.

(教师作图时,半径还是不到AB的一半,这样仍找不到交点.)

师:半径在什么范围才能有交点呢?

生8:让半径等于AB.

生9:越大越好,至少应该比AB的一半儿大.

师:现在有一个交点了,过这一个点怎么画垂直呢?

生10:那就再在AB的下面画一个交点,过这两点画直线.

师:我们画得对么?看一下PPT上的画法(出示幻灯片2).

(对比异同,澄清困惑.)

师:为什么这样作出的直线EF就是线段AB的垂直平分线呢,你能给出说明么?

(众生思考、讨论,并尝试证明.教师引导点拨,强调了作图思路及尺规作图中圆规的作用.)

问题二：

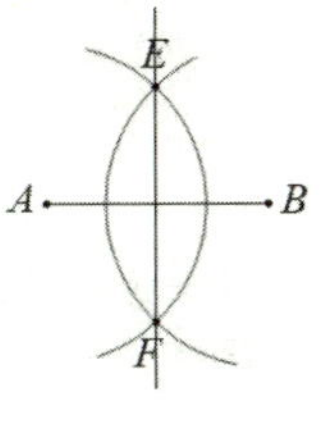

作法：
1. 分别以点A，B为圆心，以大于$\frac{1}{2}AB$长为半径画弧，交于点E，F.
2. 过点E，F作直线. 则直线EF就是线段AB的垂直平分线.

［设计意图］此处未像教材安排直接“教”画法，而是预估了部分同学可能提前看或学过，但正确的作图的道理又不一定说得清，难以突破画法难点. 所以教师操作，设置种种体验情境，激发学生不断反思改进，从而真正体悟真知，突破画法、画理难点.

2. 线段中垂线性质定理探究

师：现在大家已经会画线段的中垂线了，那么线段的中垂线有什么用呢？又有什么属性呢？我们一起来看“问题三”.（出示幻灯片3）

问题三：

如图：点P是线段AB的中垂线MN上任意一点，则点P到线段AB两端的距离有何关系？

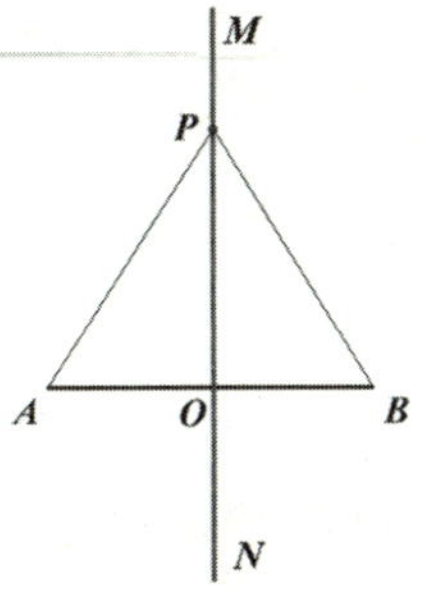

（学生猜想、思考、讨论，并尝试证明.）

师：再取些不同的点试试，这些点到线段AB两端的距离还相等么？请用语言来描述一下，并写出此命题的符号形式.

（学生尝试描述命题，写出符号表达式，最终得出结论.）

(1)回归引例,前呼后应(出示幻灯片4).

师:结合幻灯片4你能找到C站么?

(学生思考回答.)

问题一:

公路l同侧有A，B两村庄，市里拟出资在公路边修建一个停靠站C.

你觉得建在哪里较为**公平?**

1.连接AB.

2.作线段AB的中垂线MN,交直线l于点C.

则点C就是所求.

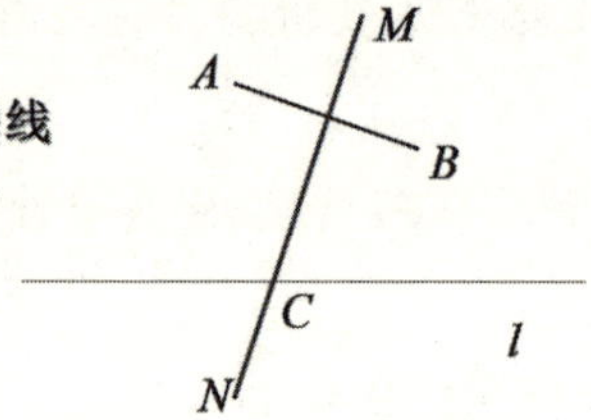

(2)巩固练习(出示幻灯片5).

巩固练习:

已知如图：DE是$\triangle ABC$的边AB的垂直平分线，D为垂足，DE交AC于点E，且$AC=8$，$BC=5$，则$\triangle BEC$的周长为_____.

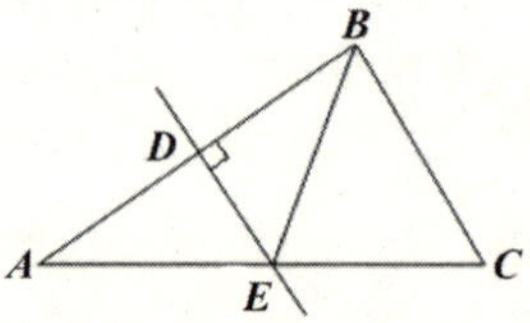

3.线段中垂线性质定理的逆定理

(1)给出逆命题,判断真假(出示幻灯片6).

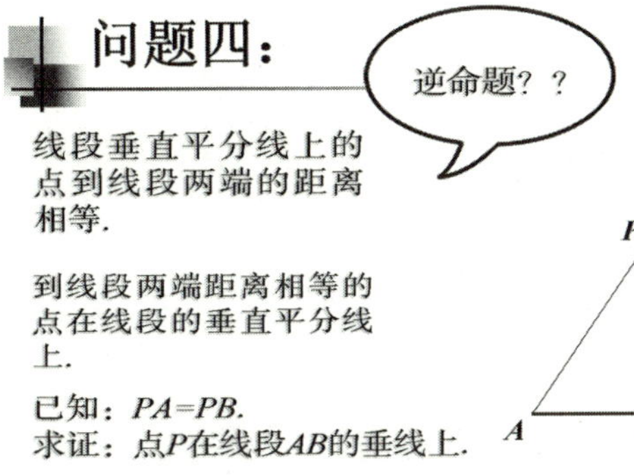

师:哪位同学能说说线段中垂线性质定理的逆命题？它是真命题还是假命题呢？画图试说明你的判断理由.

(学生思考、讨论、回答、构图、论证.)

[设计意图]在引发逆命题时,利用多媒体先把原命题文字内容在左上方给出,以利于学生的对比描述,从而进入证明.

(2)巩固练习(出示幻灯片7).

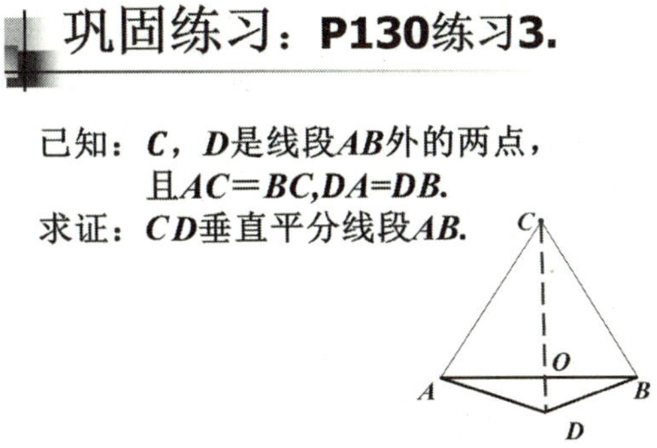

(学生思考、讨论、构图、论证.学生用两次全等及一个等腰三角形的“三线合一”性质进行说明.)

师:不证全等可以说明CD是AB的中垂线么？

[设计意图]引发学生直接用"逆定理"进行说明,加深同学们对逆定理的理解及运用.

三、课堂小结,巩固新知

师:这节课你学习了哪些新知识?

生(师引导补充):(1)线段中垂线的画法(尺规作图)及画理;(2)线段中垂线的性质及其逆定理.

师:通过这节课的学习,你觉得在学习方法上我们应该注意些什么呢?

生(思考回答,师引导补充):认真观察,动手实践,积极合作,辩证思考,乐于分享等.

四、课外作业

作业略.

◆课后分析报告

一、教师教学准备充分,教学目标设计合理,教材资源整合科学恰当,学习重难点较为适当,体现"教学准备维度视角1、2"

(1)将P130练习题1建车站作为引例,逐层设问置疑,不仅使课题展开自然,更突出了学习本节数学知识的必要性和重要性,激发了学生的学习欲望.在学习了"线段中垂线的性质"后及时回归解决引例,前后呼应,落实了学以致用,显现了数学源于生活服务于生活的特性,突显了数学作用.

(2)取舍较为合情.本节课难点有二:一是中垂线尺规作图的方法及原理的认知;二是线段中垂线性质定理的逆定理的文字表述.加之授课班级学生的数学基础较弱,因此拿掉了P130页"三角形三条中垂线交于一点"的证明,补充了练习,降低了难度,符合学生由浅入深的认知心理,也保证了课堂教学的完整性.

(3)问题分层演进,借助问题串引领由浅入深的思考,注重了知识的过程建构,在逐层探究及对比中突破难点,同时联系了新旧知识,丰满了教学内容.

二、教师整节课组织有序,引领得当,推进自然,讲授清晰,体现"教师活动维度视角4、6、7、8、9"

(1)本节课教师很好地起到了引导者的作用,从引例开始,激趣、设疑、实践、探究、归纳、巩固等依次展开,问题串中问题指向明确,转接自然流畅.

(2)注重以学生为主体,各问题各环节鼓励学生思考、讨论、答辩,让学生在"对"与"错"中对比体会,并注重方法引导,鼓励与激励较及时恰当.

(3)注重课堂信息的抓取,将过程中出现的问题及时转化生成新的增长点.比如在线段中垂线作法探究中,不是直接给出作法,而是抓取学生在实践回答中出现的错失漏洞及非标准答案作法,实施再思考再对比,使学生在建构认知中成长.

三、学生与教师的配合较为默契,知识掌握与简单运用情况较好,体现"学生活动维度视角10、11"

教学是教师为主导和学生为主体相互统一的过程.故衡量一节课的好坏,不能只看教师的表现,学生在课堂上的活动表现更是一节课成功与否的重要标准.本节课,学生在教师的引领下积极参与课堂教学活动,即对教师设计的各环节问题都表现出较强的主动性,思维活跃,回答踊跃.

四、课堂氛围民主开放,评价及时适度.体现"基本素养和课堂文化维度视角13、14、15"

本节课教师备课细致到位,板书规范,普通话标准,语言简练,均起到良好的示范作用.教学环节语言过渡自然,选题有层次性,能及时抓住突发问题合理运用、引导与延展.教态自然亲切,教师亲和力强,板书工整,条理清晰,逻辑严谨,充分调动了学生的积极性,这样在传授知识的同时更重思想方法的学习和能力的培养.

◆反思报告

坚持与提倡:教育的本质对象是学生,因此我们的教学活动应坚持“生本”(以学生成长为根本)观念;提倡遵循“教师教学应该以学生的认知发展水平和已有的经验为基础,面向全体学生,注重启发式和因材施教.教师要发挥主导作用,处理好讲授与学生自主学习的关系,引导学生独立思考、主动探索、合作交流,使学生理解和掌握基本的数学知识与技能、数学思想和方法,获得基本的数学活动经验.”

这节课的一些不足之处主要有以下两点:

(1)学生基础弱造成探究时间长致使练习不足.改进设想:针对目前本班学生数学基础偏弱的特点,可以分两课时完成,即第一课时学习中垂线的画法和中垂线的性质,而中垂线性质定理的逆命题内容挪至第二课时,从而加强学生练习的机会.

(2)线段中垂线性质定理的逆定理其归纳较为生涩.改进设想:加强命题的结构分析认知,加强平时教学中口述逆命题的活动的渗透.

《体重指数》课例评析

◆背景说明

授课教师简介

汪宗兴,高级教师,马鞍山二中实验学校数学教研组组长,马鞍山市学科带头人.曾在CN刊物上发表论文20余篇.

教学主题

《义务教育数学课程标准(2011年版)》指出:综合与实践是一类以问题为载体、以学生自主参与为主的学习活动.《体重指数》是修订后的沪科版数学教材八年级下册中的内容.

课例评析撰写教师

汪宗兴、刘义杰.

背景介绍

本课系2013年3月18日安徽省初中数学综合与实践教学研讨活动中的一节展示课,以"体重指数"为背景,学生经历分析、思考、收集、整理、分析等数学活动,增加了数学活动经验,让学生体会统计在实际生活中的应用,感悟数学是有用的.本次活动地点在马鞍山外国语学校.

学情分析

马鞍山外国语学校是市直属公办学校,有初中三个年级、高中三个年级,生源主要是学区内学生,质量一般.

◆教学实录

教学目标

(1)选择合适的统计图表描述本班同学的体重指数;

(2)根据本班同学的体重指数统计图表,判断本班学生的体重状况;

(3)经历数据收集、整理、分析等活动,增加学生的数学活动经验,让学生体会统计在实际生活中的应用.

教学重点

会收集数据,选择适合的统计图表处理数据.

教学难点

选择合适的数学模型.

教学准备

材料准备:计算器,个人、父母的身高(米)、体重(千克).

教学过程

一、课前欣赏

2013年春晚《少年中国》视频,播放至文字“少年智则国智,……”.

[设计意图]少年是祖国的未来,少年强才国强,拥有健康的身体是少年强的首要条件,自然引出健康话题.

二、新课导入

师:这个节目给同学们留下最深的印象是什么?

(众生安静.因有省教研员、教师听课,教师心理紧张,问题提出失当,学生无从回答.)

师:(PPT显示“少年智则国智,少年富则国富,少年强则国强!”)这段视频震撼人心,尤其是这三句话!

(众生齐读.)

师:同学们,怎么理解“少年强”?

生:少年是祖国的未来,要有强健的身体,还要有……

师:身体健康是少年强的首要条件.同学们,你们的身体健康吗?

生(众):健康.

师:你们怎么知道的呢?

生:因为各个方面都非常好.

师:哪些方面?

生:我身高、体重、血压都很正常.

师:你的身高、体重是多少?

生:身高是1.68米,体重是58千克.

师：这样的身高和体重符合健康标准吗？

生(众)：不知道.

师：你身体健康吗？(随机指向另一位同学.)

生：我是正常的.

师：正常的标准是什么？

(众生安静，沉默不语.)

师：国际上衡量身体健康的标准有很多，体重指数就是指标之一.(教师发阅读材料)请同学们阅读刚刚发下去的材料，然后谈谈阅读后的感受？

生：身体肥胖会导致很多疾病！

师：你肥胖吗？

(众生摇头.)

师：这位同学你的身高、体重是多少？

生：身高是1.70米，体重是70千克.

师：同学们，他算"肥胖"吗？要作出判断得需要一个标准？请看视频《健康的标准》.

(众生观看视频.)

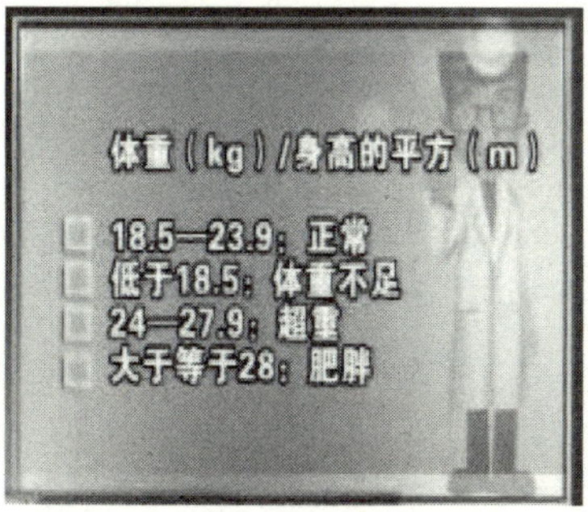

体重状况	体重指数$\left(\frac{m}{h^2}\right)$的范围
消瘦	$\frac{m}{h^2}<18.5$
正常	$18.5\leqslant\frac{m}{h^2}\leqslant23.9$
超重	$23.9<\frac{m}{h^2}\leqslant26.9$
肥胖	$\frac{m}{h^2}>26.9$

师：视频中"体重不足"就是"消瘦"类别，你能判断自己的体重状况吗？

(众生低头计算自己的体重状况.教师板书：体重指数)

师：同学们，再计算一下你们父母的体重状况如何？

［设计意图］以开放性问题“如何判断学生的健康状况?”引发学生多角度、多方位思考,以视频《健康的标准》切入主题,明确体重指数的内涵及作用,引导学生操作——计算自己及父母的体重指数.

三、提出问题

问题1.为了了解初204班同学的体重状况,估计消瘦、正常、超重和肥胖的人数各为多少,应该怎么做呢?

［设计意图］以“了解全班同学的体重状况”为问题情境,能够激发学生思维:用什么数学模型解决?如何收集数据?如何整理数据?如何分析数据?鼓励学生合作、讨论、分析、综合,在操作中体验,在体验中感悟.

师:如何了解初204班全体同学的体重状况?

生:画统计图.

师:用什么样的统计图表描述初204班学生的体重状况呢?

生1:扇形统计图.

生2:条形统计图.

生3:统计每类人数.

师:怎么统计?

生3:分组统计比较快.

(教师板书,内容如下表.)

体重状况	一组	二组	三组	四组	五组	六组	合计
消瘦	1	2	2	1	5	2	13
正常	5	2	4	5	1	3	20
超重	0	1	0	0	0	1	2
肥胖	0	1	0	0	0	0	1

(很多同学用扇形图、折线图,很少学生用条形图,这与教师预设大相径庭.)

师:除扇形图外,还可以怎么表示?(教师继续巡视并重复这样的提示语.)

观察统计图表，你能获得初204班体重状况的哪些信息？

生：观察统计表发现：正常的比例高，消瘦的也较高，超重的、肥胖的较少.

（教师用Excel软件输出条形统计图）

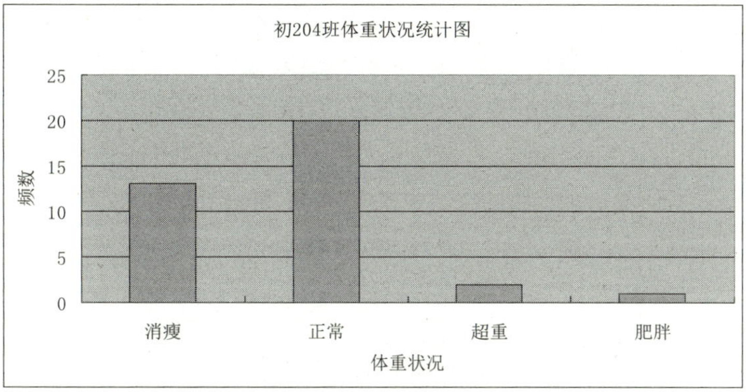

师：可以看到，正常的比例最高.你能估计初二年级（初二年级约350人）消瘦的、正常的、超重的和肥胖的学生分别有多少人吗？

师：你对这几类人群有什么建议？

生1：消瘦的要锻炼、多饮食、多运动，正常的要保持良好的习惯，超重的要控制饮食，肥胖的要减肥.

生2：消瘦的要加强饮食，保持良好习惯，肥胖的不能吃太多，……

问题2.将自己班级的体重状况和上一级初二其他班级的体重状况进行比较，应该从哪些方面进行比较？结果如何？

［设计意图］比较同龄人的健康状况，可以找出他们的健康状况是否有明显的差异，初步体会运用统计学知识进行简单的比较研究.

师：2006年国家教育部号召全国亿万学生开展阳光体育运动，可见政府部门很有前瞻性.教师调查了马鞍山成功学校初205班学生的体重状况，绘制的条形统计图如下，对比后你能得出什么结论？

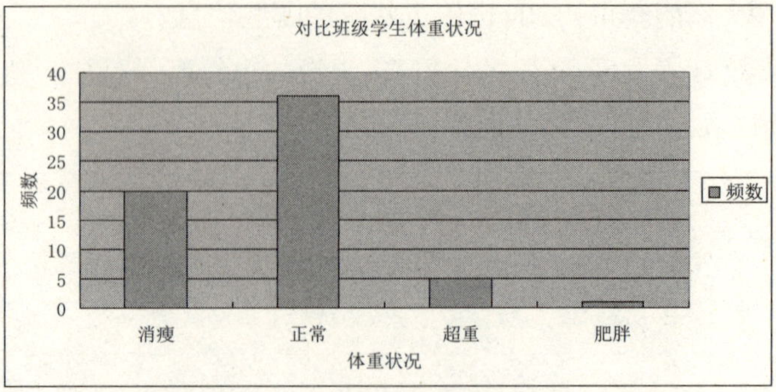

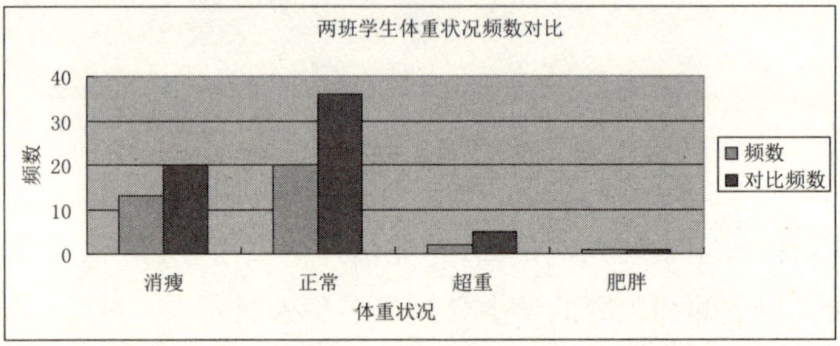

生1:观察以上两个条形统计图,发现对比班级的各类频数都增大,人数增多.

生2:这种比较方式不科学,因为两个班级人数不同.

师:如何比较更科学?

生3:比较频率,如下图.

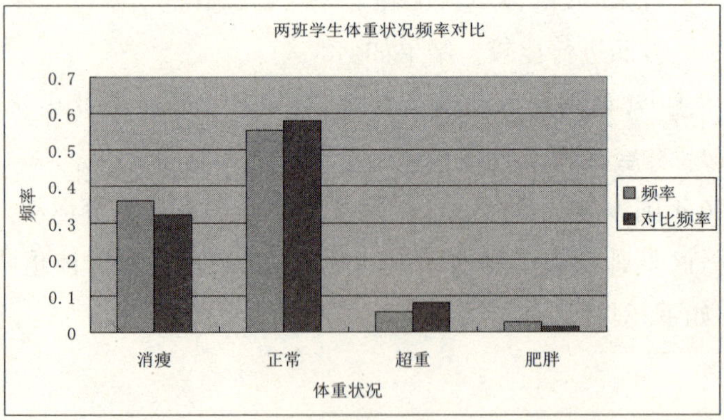

生4:两个班消瘦的和正常的同学都较多,超重的和肥胖的同学差不多.

师:两个班体重状况正常的同学都超过一半,但初204班消瘦的比例较高,还有一些超重的和肥胖的同学比例也相对较高.

问题3.请根据父母的身高和体重资料计算出父母的体重指数,请将本班同学的体重指数与父母的对比一下,你发现有哪些差异?试分析可能产生的原因. 你对他们有哪些好的建议?

[设计意图]运用统计学方法,研究年龄差异较大的父母和孩子健康状况的差异,让学生尝试剖析深层次原因,引发学生思考,激发学生关爱父母的热情.综合与实践就是要将活动还给学生,让学生经历活动过程,在活动中累积经验,感悟数学的魅力和作用.

师:先研究父亲的体重状况.

(众生计算.教师板书,并用Excel软件显示对比图.)

体重状况	一组	二组	三组	四组	五组	六组	合计
消瘦	1	0	0	1	0	0	2
正常	5	3	4	5	1	3	21
超重	2	1	3	3	0	1	10
肥胖	0	1	0	0	2	0	3

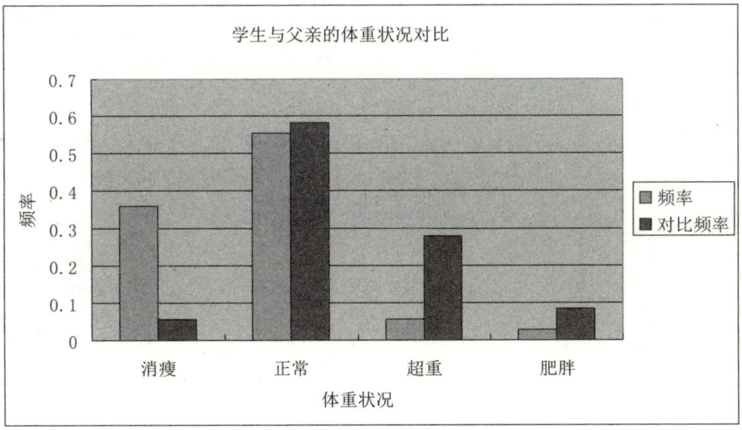

师:父亲和我们的体重状况对比,有何变化?

生:父亲中,正常的人数较多,超重的偏多,消瘦的大大减少;学生中,超重的偏少,肥胖的两者差不多,而消瘦的数量不少.

师:你对他们有何建议?

生:父亲们应加强晨练,饮食方面要多吃蔬菜,少饮酒……

师:对比发现,父亲和我们体重状况有比较明显的差异.同学们还可以研究母亲的体重状况.所以,我们在关心自己的同时,也要关爱我们的父母.

(这里没有充分地让学生分析数据原因及对策,是因为本课重点不是计算,而是重在统计分析.)

四、感悟

师:本节课的学习,同学们有何感悟?

生1:健康很重要,我们消瘦的比较多.

生2:我们要运动,多吃饭.

师:这是从健康角度来感悟的,从数学角度呢?

生3:利用统计学知识,收集我们全班同学的体重状况,经历了"数据收集→数据整理→数据分析→得出结论"的全过程.

[设计意图]引导学生树立健康意识、运动意识,养成良好生活习惯,更重要的是让学生学会从数学的视角审视生活.同时,让学生了解数据收集、整理、分析等方法,体会统计是解决实际生活问题的重要模型,理解统计学思想.

五、总结

本节课我们经历了"数据收集→数据整理→数据分析→得出结论"的过程,学会了运用统计学知识解决一些简单的实际问题. 但要注意以下几点:

(1)数据来源应力求真实、可靠;

(2)数据整理,可以是统计图或统计表;

(3)数据分析、得出结论:关注自己,关注父母身体健康,开创幸福生活.

我运动,我健康!每天锻炼一小时,健康工作五十年,幸福生活一辈子!

[设计意图]让学生体会统计是解决问题的一种重要模型.

◆课后分析报告

如何开展“综合与实践”是当前教师迫切思考的热点话题.“综合与实践”是学生感悟“数学基本思想”、发展“基本数学活动经验”,是培养发现问题、提出问题、分析问题和解决问题能力的重要载体之一.

一、综合与实践活动课需有明确的目标,体现“教学准备维度视角1”

综合与实践活动课注重让学生在交流展示中分享活动的经历,分享探究的方法和自己的收获.过程设计要让学生亲身经历,切忌教师包办代替,且目的要明确.目标是什么?目标就是让学生经历,正如赫尔巴特所说的“培养兴趣也是学习的目标”.

二、综合与实践活动课应注重问题的设计与问题提出的必要性,体现“教师活动维度视角4”

本节体重指数以“你健康吗?”“你如何了解初204班同学的体重状况?”等系列问题引发学生思考.什么是健康的标准?如何收集数据?如何选择数学模型?这是一个数学化的过程.一些问题设计得很好,但未能体现问题提出的必要性,问题的提出和解决都要体现出需要.不能把它当成一道中考题,致使学生一拿到题,就觉得这个地方要画成条形统计图或扇形统计图。重要的是我们想得到什么?希望表达什么?希望表达什么样的建议?你有什么建议?你对什么群体说?用什么样的表达方式?

三、综合与实践活动课既要关注综合性与实践性，也要关注活动的开放性、生成性和普适性，体现“学生活动维度视角10、11、12”

本节课主要运用统计的方法解决实际问题，培养学生解决问题的能力，对知识的综合性要求比较高，也有一定的开放性. 教师注意用生成性来体现综合性、实践性，注意将时间让给学生，通过引导、比较、提升，突出体现数学模型方法的价值，注意与所学知识的联系.问题应有适度的探究性，既利于模型的归纳概括，又利于学生思维的展开.从思维上看，本课侧重统计方法的使用.

关注开放性，主要是让活动的过程、方法和结果以及活动方式具有一定的开放性. 如本节内容从统计学的角度审视，是选择用频数、条形图还是直方图，这就体现出问题的开放性，体现出活动过程. 从实践情况看，适度的开放，不仅有利于学生的全程参与，也有利于活动质量的提高. 事实上，有了空间就有了多样性，这样的活动就能让学生在交流展示中与他人分享活动的经验、探究的方法和自己的收获.活动方式上，学生可以独立解决，也可以与同伴合作.如何获取数据，查找影响体重的因素，提出保持体重正常的建议等，都给学生留有空间，这也增强了活动的实践性.

关注生成性，综合与实践课能产生新的有价值的问题，可以进一步的探究或拓展. 解决生成性的问题，往往需要更多的知识，从而能更好地反映“综合与实践”的综合性. 生成性的教学价值还在于能让学生从解决问题的过程中，学会“发现问题”“提出问题”. 这正是《义务教育数学课程标准(2011年版)》关注的目标，也是我们着力培养的重点. 活动生成性资源很多，教师要及时捕捉，因势利导，及时将学生引导到概括模型上来.

关注普适性，就是注意学生的年龄特点和能力水平，兼顾城乡差异、地域差异和学校差异，使活动切实可行.教学中，若问题过难可设计成问题串，降低难度.

四、注意开发综合与实践活动课的教育价值，体现“基本素养和课堂文化维度视角16”

世界卫生组织提出的体重指数，是专家多方论证、统计发现获得的规律．研究体重指数是为了提高我们生活的幸福感．开发素材体现的教育价值、文化价值，有利于提高活动的质量．综合与实践活动课如何总结？是泛泛而谈，还是结合具体载体说明领悟数学的思考方式，亦或将学生的感受或发现写成小文章：回顾探究过程→整理探究思路→总结一般探究方法，这些都是很有价值的．

◆反思报告

《义务教育数学课程标准(2011年版)》指出：综合与实践是一类以问题为载体、以学生自主参与为主的学习活动．本课是2013年3月18日安徽省初中数学“综合与实践”教学研讨活动中的一节研讨课，以反映体重状况的指标之一——体重指数为背景，学生经历分析、思考、收集、整理、分析等系列数学活动，体会统计是解决问题的重要模型，感悟数学是有用的．

(1)经验不足，认识不到位．本人初次开设综合实践活动课，心理紧张，活动开展过渡不够自然充分．例如，为什么选另一个班同学的体重状况做对比研究．如能遵循“个体→班级→全校→全市→……”学生的体重状况这一主线，选择对比班，更能体现数据的代表性．

(2)活动时间不够充分，生成性资源缺少，如对比“父亲与同学的体重状况”交流不够，缺少生成．可以设问“学生发现什么差异？”“为什么消瘦的学生比例大？”等，培养学生发现问题的能力．体重指数主要针对18岁以上成人，适不适合学生，教师没有直接给出．学生在实践中获得经验、积累经验，教师要敢于放手，还时间给学生；同时，教师要有耐心，面对活动中出现的错误，应及时捕捉，换位思考．

(3)准备好恰当的学具,可以有效地提高活动效率. 学具发放的内容、时机都值得研究,如本节中阅读材料的内容和发放时间很重要;而且计算器的使用,让学生摆脱了繁杂的运算,赢得了思考的时间.

(4)问题设计难度要适合学生,既要注意实践性、综合性,也要关注问题的开放性、生成性.教师对问题本身要有深入的了解,学生在探究过程中会出现哪些问题,教师要有充分准备. 如本人利用Excel软件预设了条形统计图,却忽视了扇形统计图,造成上课总想将学生引导到条形统计图上来,限制了学生的思维,只关注了形式,忽略了问题的本质.

参考文献

[1]张庆华,孙朝仁.苏科版课标教材“阅读内容”的分布、价值及使用策略[J].中国数学教育(初中版),2013(12):12-16.

[2]姜平.综合与实践活动教学设计与特色案例评析[M].北京:首都师范大学出版社,2012.

[3]孙琪斌.在学中教,异步达标[M].南京:江苏教育出版社,2008.

附　录 1

“中学数学听课与评课案例研究”结题报告

摘　要:听课是教师互相学习、互相交流、共同提高的重要方式,也是了解一位教师教学情况的最直接方式。青年教师通过听课向老教师学习,老教师通过听课指导青年教师,也可以从青年教师身上吸取新思想、新理念。听课与被听课是教师工作的性质决定的。教师之间的互相听课,可以使教研氛围浓厚,对青年教师的成长和教学质量的提高也起到促进作用。

评课能调动教师的教学积极性和主动性,帮助和指导教师不断总结教学经验,转变教育观念,改进教学方式,提升教育素养,提高教学水平,促进教师生动活泼地进行教学,在教学实践中逐渐形成自己独特的教学风格。

丰富的案例及点评,将为中学数学教师提供在课堂教学中落实新课程理念的示范性的做法;科学有效、富有创意的课堂教学策略,将为改革课堂教学提供理论性的指导。

关键词:中学数学;听课;评课;案例研究

2010年度安徽省教育科学规划课题“中学数学听课与评课案例研究”(项目编号:JG10306),是由马鞍山市教育局教育科学研究院刘义杰老师和马鞍山市第二十二中学胡学平老师共同负责的。该课题于2009年11月申报;2009年12月获马鞍山市教育科学规划办批准立项,并列为专项课题;2010年2月举行开题仪式,通过专家组论证后正式启动。

前期课题组成员通过学习讨论、搜集资料,制订了具体的实施方案;之后,开展了具体的研究工作,做好资料的收集、整理、汇总,并及时总结成果。在相关专家、相关学校、相关部门的指导和支持下,在全体教师的共同努力下,课题实验进展顺利,于2011年12月顺利通过中期评估。目前,实施方案中所制订的研究目标和任务业已完成,现申请结题。现将课题研究的情况报告如下:

◆研究背景

1. 基于教师成长的需要

学会听课，是教师特别是青年教师必须具备的一项基本功，是快速提高教师教学水平的一种方式，是教师自身成长必不可少的一项职责与任务。听课与评课，有利于教师之间相互学习、取长补短、共同提高，有利于青年教师学习优秀教师的先进教学经验，更快地成为一名合格的教师。

2. 基于教师发展的需要

听评课，可以调动教师的工作积极性和主动性，帮助和指导教师不断总结教学经验、转变教育观念、改进教学方式、提升教育素养、提高教学水平，促进教师生动活泼地进行教学，在教学实践中逐渐形成自己独特的教学风格。

3. 基于提高教学质量的需要

听评课，有利于良好教学风气的形成，促进教学改革的深入，提高教学效率和教学质量。

4. 具备良好的基础条件

马鞍山市中学数学界拥有一大批骨干教师，不少教师参加过国家、省、市级课题研究，市、区级和校级教研组教研氛围浓厚，各校数学组为新课程实验的开展做出了应有的贡献。随着新课程的推行，新的教育教学理念正被广大教师所接受，并积极地在课堂教学中实践——这种形势，促成了这个课题。

◆研究的理论依据

1. 义务教育阶段数学课程标准和高中数学课程标准

本课题的研究以《义务教育数学课程标准(2011年版)》和《普通高中数学课程标准(实验)》为指导，在相关理论研究的基础上，侧重于应用价值的研究。遵循“以行动为引领、以经历为载体”的研究思路，通过大量的鲜活的听课与评课案例，提取听课与评课方法的内核，从而生成具有一定理论高度的操作性强的评价方式。

2. 安徽省优质课评价标准

国内外已有许多教育专家和有识之士在这一领域做了很好的研究，提供了许多可资借鉴的理论和经验。安徽省教育科学研究院和马鞍山市教科院等也出台了一系列的考核和评价办法，如:《安徽省优质课评价标准》《马鞍山市课堂教学评价表》等。这些评价方案既是本课题研究参考、学习、借鉴的重要资料，也是本课题研究的基础。

◆研究目标

(1)如何有效开展听评课活动;

(2)如何建立课堂教学评价新体系。

◆研究内容

(1)当前听评课中存在的问题;

(2)如何有效开展听评课活动;

(3)中学数学常见类型课的特点与要求;

(4)听课、评课与教师专业化成长研究。

本课题研究的重点是:收集并整理课堂教学实例，研究制订简约可行的评价标准或评价方案。

本课题研究的难点是:繁忙的教学任务使教师无暇深入学习理论，因而实践带有盲目性;升学压力使教师不敢进行教学实验和创新;教师将教学实践经验上升到理论的水平有待提升。

◆研究方法

(1)文献法:一方面运用国内外有关听评课的专著类资料作为本课题研究的理论依据，另一方面将听课、评课、教学活动、学生活动、过程性评价中的叙事性记录作为重要的第一手文献资料。

(2)观察法:在听课、评课、访谈等过程中,对教师和学生的外显行为和内敛特征(如教师的教学思路和技能、学生的学习兴趣和能力等)进行观察,并做好相应记录。

(3)行动研究法:在课程改革的实践中进行研究。设计详细的课堂教学评课方案,通过开设实验课,组织教学观摩、研讨等多种形式的研究活动,验证和完善评课方案。

(4)案例分析法:利用大量的课堂教学评课案例进行分析研究,提取、总结有效的评课方式,用以提高教师教学水平。

在本课题实施与研究过程中,我们要求课题组成员注意把握如下原则:

(1)科学性原则:结合有关的教育、教学理论指导实践研究,并且在实践中不断验证、修改、完善,以得出科学结论。

(2)可行性原则:本课题是一项应用性教育科研课题,应采取一定理论原则指导下的行为研究,其研究过程是在教育实践中进行的,必须具有针对性和可操作性。

(3)自主性原则:教师不仅是专业发展的对象,更是自身专业发展的主人。因此,在该项研究中,要充分尊重教师的“自主”意识。教师专业发展的目标和计划、选择学习内容、选择培训方式,要充分尊重教师意愿,并且要求教师参与课题的研究全过程。

◆研究程序

课题研究从2009年11月起到2013年12月止,整个课题分为准备、实施、总结评估三个阶段进行。

第一阶段:课题准备阶段(2009年11月至2010年2月)

成立课题组,确定课题组的研究人员,确定研究课题内容及意义,进行课题可行性论证，撰写研究方案，并进行申报工作。

第二阶段：课题实施阶段（2010年3月至2013年12月）

（一）召开课题开题会（2010年2月）

2009年12月课题组收到市级立项通知后，于2010年2月及时召开了课题开题会。课题负责人刘义杰、胡学平组织课题组成员认真学习开题报告，对课题的提出、理论依据、概念的确定、研究的目标、研究的内容、研究的方法、研究的过程等进行了充分的探讨交流，为保证课题研究任务的顺利完成打下了坚实的基础。课题开题会邀请了市教科院刘决生老师、市二中赵讯老师、市安工大附中张艳秋老师等专家参会并指导，他们的讲话使课题组成员进一步认识了课题研究的重要意义。

（二）开展听评课活动，积累案例，为制订听评课的原则、方法与评价体系做好准备工作（2010年2月至2011年12月）

1. 2010年2月至2010年6月，课题实施阶段之第一学期

※ 2010年2月28日，制订了本学期马鞍山市中学数学教研活动计划，以本课题的开展为抓手，收集典型教学案例，开展优秀教育教学论文评比活动，提升教师教育理论水平，促进教师专业成长。

※ 2010年3月，开展马鞍山市青年教师优秀课评比活动。

※ 2010年3月下旬至4月上旬，组织参加省青年教师优秀课评比和观摩活动。

※ 2010年5月14日，课题组负责人刘义杰、胡学平和课题组部分成员赴市实验中学调研，参与该校子课题的活动。胡学平做中心发言《我们对“课例研究”的理解和认识》。

※ 2010年3月至6月，课题组部分成员参加市级教研活动，听取了17节市级公开课，并进行了点评，形成公开课评价意见。

※ 2010年3月至6月，课题组成员在各自学校参加校级教研活动，听取了

约40节校级或校标公开课,并进行了点评。

※ 2010年7月,课题组负责人刘义杰、胡学平、何鸣、司擎天等对课题实施阶段之第一学期的材料进行汇总,编辑《中学数学听课与评课案例研究》简报第1期。

2. 2010年8月至2010年12月,课题实施阶段之第二学期

※ 2010年8月20日,制订了本学期马鞍山市中学数学教研活动计划,以课堂教学为中心,加强教学常规研究,以课堂教学的规范化、科学化和高效化为目标开展各年级教研活动;本学期教研活动要求学科带头人、市骨干教师开设示范课、研究课和做专题讲座,以促进青年教师的专业成长。

※ 2010月10月22日,课题组负责人刘义杰、胡学平和课题组部分成员赴当涂县大陇初中调研,参与该校子课题的活动,听取了该校两位教师(孙复荣、姚昌寿)的两节汇报课,并进行了点评。胡学平做中心发言《我们对“课例研究”的理解和认识》。

※ 2010年11月15日至19日,课题组负责人刘义杰、胡学平组织相关教师在市红星中学参加教学质量跟踪周,并参与研讨。

※ 2010年9月至12月,课题组部分成员参加市级教研活动,听取了14节市级公开课,并进行了点评,形成公开课评价意见。

※ 2010年9月至12月,课题组成员在各自学校参加校级教研活动,听取了约40节校级或校标公开课,并进行了点评。

※ 2011年1月,课题组负责人刘义杰、胡学平、何鸣、司擎天等对课题实施阶段之第二学期的材料进行汇总,编辑《中学数学听课与评课案例研究》简报第2期。

3. 2011年1月至2011年6月,课题实施阶段之第三学期

※ 2011年2月14日,制订了本学期马鞍山市中学数学教研活动计划,以有效教研为目标,开展集体备课活动,为上好课打下扎实基础。

※ 2011年4月下旬,课题组部分成员赴市十一中参加该校的教学研究周

活动。

※ 2011年5月27日,课题组负责人刘义杰、胡学平和课题组部分成员赴当涂县年陡初中,开展互惠教研活动。

※ 2011年1月至6月,课题组部分成员参加市级教研活动,听取了21节市级公开课,并进行了点评,形成公开课评价意见。

※ 2011年3月至6月,课题组成员在各自学校参加校级教研活动,听取了约40节校级或校标公开课,并进行了点评。

※ 2011年7月,课题组负责人刘义杰、胡学平、何鸣、司擎天等对课题实施阶段之第三学期的材料进行汇总,编辑《中学数学听课与评课案例研究》简报第3期。

4. 2011年8月至2011年12月,课题实施阶段之第四学期

※ 2011年8月18日,制订了本学期马鞍山市中学数学教研活动计划,结合"备好课、上好课、评好课、命好题"系列活动,本学期拟开展"说题"活动,要求学科带头人、市骨干教师率先进行,并在条件成熟时开展教师"说题"比赛活动。

※ 2011年9月中旬,组织开展马鞍山市中青年教师优秀课评比活动,并选拔参加省级评比的选手。

※ 2011年10月21日,组织部分教师到当涂县新市初中参加互惠教研活动。

※ 2011年9月至12月,课题组部分成员参加市级教研活动,听取了22节市级公开课,并进行了点评,形成公开课评价意见。

※ 2011年9月至12月,课题组成员在各自学校参加校级教研活动,听取了约40节校级或校标公开课,并进行了点评。

※ 2011年11月15日,课题组核心成员之一、马鞍山市红星中学教师何玉宝参加了安徽省优质课评比,其主讲的《方程的根与函数的零点》获省级一等奖。

※ 2011年12月9日，组织部分教师到当涂县城南初中参加互惠教研活动。

※ 2012年1月，课题组负责人刘义杰、胡学平、何鸣、司擎天等对课题实施阶段之第四学期的材料进行汇总，编辑《中学数学听课与评课案例研究》简报第4期。

（三）撰写课题中期汇报材料，接受检查（2011年12月）

2011年12月12日，在市红星中学，市教科院组织专家对课题的开展进行了检查。课题组负责人胡学平围绕课题研究工作主要进展、存在问题、重要变更、下一阶段研究计划等四个方面进行了汇报。教科院梅立新院长、市二中赵讯老师、市安工大附中张艳秋老师等参加汇报会，并进行了指导。

（四）有理论指导、有目的地开展听评课活动（2012年1月至2013年12月）

1. 2012年1月至2012年7月，课题实施阶段之第五学期

※ 2012年2月2日，制订了本学期马鞍山市中学数学教研活动计划，以有效教研为目标，继续开展集体备课活动，提高教学设计编写质量。

※ 2012年5月11日，组织部分教师到含山县仙踪中学开展互惠教研活动。

※ 2012年5月29日，课题组负责人刘义杰、胡学平和课题组部分成员赴当涂县大陇初中调研，参与该校子课题的活动，听取了该校两位教师（张纯、卜后军）的两节汇报课，并进行了点评。

※ 2012年6月1日，组织部分教师到和县三中开展互惠教研活动。

※ 2012年3月至6月，课题组部分成员参加市级教研活动，听取了15节市级公开课，并进行了点评，形成公开课评价意见。

※ 2012年3月至6月，课题组成员在各自学校参加校级教研活动，听取了约40节校级或校标公开课，并进行了点评。

※ 2012年7月27日，课题组负责人胡学平老师赴和县、含山县，参与两县初中数学老师的培训活动，做专题报告《中小学教师如何开展课题研究》。

※ 2012年7月，课题组负责人刘义杰、胡学平、何鸣、司擎天等对课题实施阶段之第五学期的材料进行汇总，编辑《中学数学听课与评课案例研究》简报

第5期。

2. 2012年8月至2012年12月，课题实施阶段之第六学期

※ 2012年8月22日，制订了本学期马鞍山市中学数学教研活动计划，以有效教研为目标，组织教师围绕新课标学习与实践、教育科研等方面开展教研活动，引导教师在活动中反思，在反思中提高，促进教师专业发展，促进城乡教学教研质量的提高。

※ 2012年11月9日，组织部分教师到含山县清溪初中参加互惠教研活动。

※ 2012年11月13日，课题组负责人胡学平、核心成员刘烈华主任到当涂县大陇初中参加该市级课题“初中数学习题课教学案例研究”的结题鉴定工作。

※ 2012年11月27日，课题组负责人胡学平赴含山二中参加全市高二数学备课组长研讨，做专题报告《关于课题研究》。

※ 2012年12月7日，组织部分教师到当涂县太白一中参加互惠教研活动。

※ 2012年12月21日，组织部分教师到和县濮集初中参加互惠教研活动。

※ 2012年12月中旬，组织开展马鞍山市中青年教师优秀课评比活动，并选拔参加省级评比的选手。

※ 2012年9月至12月，课题组部分成员参加市级教研活动，听取了14节市级公开课，并进行了点评，形成公开课评价意见。

※ 2012年9月至12月，课题组成员在各自学校参加校级教研活动，听取了约40节校级或校标公开课，并进行了点评。

※ 2013年1月，课题组负责人刘义杰、胡学平、何鸣、司擎天等对课题实施阶段之第五学期的材料进行汇总，编辑《中学数学听课与评课案例研究》简报第6期。

3. 2013年2月至2013年7月，课题实施阶段之第七学期

※ 2013年2月20日，制订了本学期马鞍山市中学数学教研活动计划，以课堂教学为中心，加强教学常规研究，以课堂教学的规范化、科学化和高效化为

目标开展各年级教研活动；本学期教研活动安排校级以上骨干教师开设公开课和研讨课，学科指导组成员做专题讲座。

※ 2013年3月15日，课题组负责人刘义杰等到市实验中学参加该校市级课题“初中数学课堂导入模式的案例研究”的结题鉴定工作。

※ 2013年3月22日，组织部分教师到当涂县查湾初中参加互惠教研活动。

※ 2013年3月29日，组织部分教师到当涂县新市初中参加互惠教研活动。

※ 2013年4月15日，组织部分教师到含山县运漕中学参加互惠教研活动。

※ 2013年5月11日，组织部分教师到和县姥桥中学参加互惠教研活动。

※ 2013年5月24日，课题组负责人刘义杰、胡学平和其他成员到当涂一中参加听评课活动。

※ 2013年3月至6月，课题组部分成员参加市级教研活动，听取了16节市级公开课，并进行了点评，形成公开课评价意见。

※ 2013年3月至6月，课题组成员在各自学校参加校级教研活动，听取了约40节校级或校标公开课，并进行了点评。

※ 2013年7月，课题组负责人刘义杰、胡学平、何鸣、司擎天等对课题实施阶段之第五学期的材料进行汇总，编辑《中学数学听课与评课案例研究》简报第7期。

4. 2013年8月至2013年12月，课题实施阶段之第八学期

※ 2013年8月22日，制订了本学期马鞍山市中学数学教研活动计划，以有效教研为目标，组织教师围绕新课标的学习与实践、教育科研等方面开展教研活动，引导教师在活动中反思，在反思中提高，促进教师专业发展，促进各区县教学、教研质量的提高。

※ 2013年10月11日，课题组负责人刘义杰等到市安工大附中调研。

※ 2013年10月25日，课题组负责人刘义杰等到当涂县二中调研。

※ 2013年11月8日，课题组负责人刘义杰等组织部分教师到含山一中参

加互惠教研活动。

※ 2013年11月15日，课题组负责人刘义杰等到市八中调研。

※ 2013年12月6日，课题组负责人刘义杰等组织部分教师到博望区薛镇初中参加互惠教研活动。

※ 2013年12月20日，课题组负责人刘义杰等组织部分教师到和县善厚初中参加互惠教研活动。

※ 2013年12月中旬，组织开展马鞍山市初中青年教师优秀课评比活动，并选拔参加省级评比的选手。

※ 2013年9月至12月，课题组部分成员参加市级教研活动，听取了12节市级公开课，并进行了点评，形成公开课评价意见。

※ 2013年9月至12月，课题组成员在各自学校，参加校级教研活动，听取了约40节校级或校标公开课，并进行了点评。

※ 2014年1月，课题组负责人刘义杰、胡学平、何鸣、司擎天等对课题实施阶段之第五学期的材料进行汇总，编辑《中学数学听课与评课案例研究》简报第8期。

第三阶段：课题总结评估阶段（2014年1月至2014年3月）

对前面两阶段的研究进行全面总结，形成文字资料，包括课题研究报告、教师研究论文、教学案例集、教师成长个案集等，及时上送结题材料，请上级课题主管部门进行课题成果鉴定。

※ 2014年2月，课题组负责人刘义杰、胡学平、何鸣等对课题实施之后的材料进行汇总，编辑《中学数学听课与评课案例研究》简报第9期，收录了课题组成员获奖或发表作品，共计26篇。

※ 2014年2月，课题组负责人刘义杰、胡学平等对本课题之子课题（同时也是市级课题）——当涂县大陇初中的"初中数学习题课教学案例研究"的材料进行汇总，编辑《中学数学听课与评课案例研究》简报第10期。

※ 2014年3月，课题组负责人刘义杰、胡学平等对本课题之子课题（同时也是市级课题）——花山区市实验中学的“初中数学课导入模式的案例研究”的材料进行汇总，编辑《中学数学听课与评课案例研究》简报第11期。

※ 2014年3月，课题组负责人刘义杰、胡学平等对本课题的材料进行汇总，编辑《中学数学听课与评课案例研究》简报第12期，收录了本课题的立项申请书、开题报告、中期报告、课题组成员个人成果汇总表、课题组主要负责人与核心成员司擎天的研究论文与教学设计等作品。

※ 2014年4月上旬，课题组负责人刘义杰、胡学平，核心成员刘烈华、何鸣、司擎天等撰写本课题结题报告。

◆成果与分析

本课题自2009年12月市级立项、2010年10月省级立项、2010年2月开题以来，历时四年的时间，经过全体课题组人员和全体教师的反复探究与实践，基本上实现了课题预期目标，取得了一系列的研究成果。

一、分析了当前听评课存在的问题

1. 任务式、形式化

任务式、形式化的听评课以完成规定的听评课任务为前提，即“为听评课而听评课”，把听评课当作任务来做，其表现有二：

（1）迫于学校或上级教育部门的听评课指标和考核，“临时抱佛脚”，在检查前突击地听几节课，或者是闭门造车，找同事的听课笔记抄一下。检查时，大都是停留在“量”的指标或形式的考查上，究竟听的深度怎样、效果如何？却很少有人问津、考查。

（2）评课时经常出现以下情景：要么“一边倒”，第一个人说了“好”，后面大都跟着讲好，真正提出有价值的、实质性的意见少；要么“沉默不语”，总是他推你让，尽量保持缄默，生怕说多了、说错了有碍面子、有失面子；要么“一言堂”，评课时由教研员或专家把持，专家云大家亦云，多数人只是当看客、听众。

2. 分离式、疏离化

(1)教与学的疏离。其一，听评课教师的目光都聚焦在授课教师身上，主要观察授课教师的言谈举止，如教学目标的引入呈现、教学内容的组织安排、教学方法的选择运用、教学媒体的合理利用等；其二，对学生的学习效果关注不够。比如缺少对学生自主学习能力培养和学生思维活动质量的关注。同时，对于学生掌握拓展性知识的程度、学习兴趣的激发和创新意识的培养等方面也关注较少，特别是对学优生和学困生的学习效果关注不够。

(2)自我与授课教师分离。有些教师对待听评课抱着事不关己的心态，缺乏反观内省的功夫，把自我与授课教师剥离开来，学到的仅是别人课堂教学之“浅表”，并非别人课堂教学之“精髓”，其借鉴与运用往往也只是“复制”“粘贴”别人的课堂教学，从而丧失了听评课对自身成长的教育价值。

3. 盲目性、随意化

(1)听评课前无准备。听课者之前不了解授课教师，也不了解听课班级学生的特点，因此难以把握授课教师的教学意图。一般来说，听评课应明确三个问题：“从哪些方面(关键要素)听评课、依据什么标准(评价工具)听评课、按照什么思路和方法(如何观察学生、观察教师)听评课。”即明确听评课要“听什么”“怎样听”“听课班级学情怎样”等问题。有些听课者只是盲目性地听评课，更遑论有这些思考了。

(2)听评课过程中无问题导引。听课、评课教师中，很少有教师能带着具体的问题和研究方向来听。在苏霍姆林斯基看来，听评课应着重关注下列九个方面问题，即：“①听谁的课，何时去听，听多少课？②教师的课有没有明确的目的，目的是否到达？③为了什么以及如何检查学生的知识？④是否在教给儿童学习？⑤在学习新教材过程中学生的脑力劳动如何？⑥知识是否得到发展和深化？⑦是否让全体学生都掌握了牢固的知识？⑧教师应当怎样布置家庭作业？⑨在分析课的过程中进行概括”[1]。盲目性听评课多数是记录授课教师的板书，大多是对教学内容、知识点流水账式的记录，至于上述问题则不在其关注的范围内。

(3)听评课无计划性、无选择性。一是听评课时间不均衡。有些教师，为了应付检查，听课评课的时间大多集中在开学前两周和学期后两周，中间很少有听评课记录。二是听评课的课型和学科分配不均衡。在选择听课评课类型、年级、班级、授课教师等方面，没有表现出明确的选择意图，听评同年级同学科的课较多，听非同年级同学科的少。

二、总结了三种常见类型听课的特点与要求

(一)检查型听课

检查型听课，是指评价者深入教学第一线，直接观察课堂教学过程，进行现场调研，及时掌握教学动态，检查教学效果，总结教学经验，收集反馈信息，进行教学评价的一种听课方式。如每学期开学初，市教科院组织教研员深入各个学校，有选择地听课就是这种类型。

1. 检查型听课的特点

(1)突然性。听课者是有目的、有计划、有意识地去听课，对被听课的学校、教师、班级、哪一节课等，在绝大多数情况下，事先是不十分清楚的或提前知道的时间不会太长。

(2)真实性。检查型听课活动在绝大多数情况下是在教学常态下进行的，学校和教师很少提前刻意做好准备。这样，学校或教师呈现给我们听课者的课堂教学基本上是他们的正常状况。

(3)灵活性。听课者可以根据自己的工作职能和工作需要，采取灵活多样的形式听课，受时间、地点、条件的限制较少。

2. 检查型听课的要求

(1)要明确检查的目的。无论是检查学校的教学工作，还是检查教师的课

堂教学情况，以及进行一些有关新课程的专题检查，都应该目的明确、要求清楚，否则，将影响到听课的质量。检查什么？检查的主要内容是什么？怎样检查？要达到什么目的和得到什么结果？都应该让听课者知道。

（2）要在常态下进行。检查型听课虽然不一定每次都是“突然袭击”式的，有时可以作为工作计划提前下达给有关的部门或学校，有时可以以适当的形式提前告知学校或教师。

（3）要熟悉听课的要求。如：需要检查的内容、需要准备哪些材料、怎样使用有关的调查表格和调查工具以及怎样评价等。

（4）要尽量减少被听课者的戒备心理。检查者要设法尽快取得被听课者象的理解和配合，灵活处理听与被听课者的关系，避免以检查者自居。

（5）要准备好与被听课者交换意见。检查型听课虽然不一定都要向授课教师交换意见，但是在允许的情况下，应该尽可能同授课教师交换意见或探讨一些问题。

（6）要进行总结。通过检查型听课活动，要总结经验、发现问题、提出对策，有时候还要拿出具体的总结性意见或报告供领导决策参考。

（二）评比型听课

评比型听课主要是为了对教师做定性评价的听课活动。如评优课、考核课及评优秀学科教师、名教师、特级教师等的听课就是属于这个范畴。

1. 评比型听课的特点

（1）筛选性。在各级各类的优质课评比及各种考核课中，被听课的教师是通过各种形式筛选出来的，他们应该是某一方面的在各种层次上的优秀者。听课者要求对这部分教师进行筛选，通过听课保留一部分教师和淘汰一部分教师，或推荐到上一层次去继续参加评比，或直接评出等级，或做出定性的评价。

（2）公正性。听课者应尽可能地减少主观因素的干扰，客观、公正地对待每一节课。由于是选拔性或做定性评价的听课活动，同时听课者往往来自不同单位或地区，这样公正性的特点就能充分得到体现。

(3)比较性。听课者对每一位授课教师不仅要有定性的分析和评价,而且要对授课教师进行横向的多角度的比较分析,如对教学基本功、教学方法、教学理念、教学手段、教学效果、学生能力的培养等进行比较。

2. 评比型听课的要求

(1)要认真了解和掌握评比的目的、要求和相关规定。对不同的评比课或考核课的目的、标准、要求等是不同的,对听课者也有不同的要求。

(2)对课的内容要熟悉。一般评比型课的内容是提前确定的,有些考核性质的课有可能是临时随堂听课。但作为听课者虽然是某一方面的有威望的教师或专家,但不一定对所要听课的教材内容都十分熟悉,有时候可能还没有接触过。如有可能,听课者要尽可能多地熟悉听课的内容,以保证评比的公正,尽可能使个人的评价符合被评价对象的实际及同其他听课者的评价相一致。

(3)要做详细的比较性记录。听课笔记虽然应有详略,但在这类听课中要特别详细地记录各位教师的特殊之处,做好比较性的记录和思考。

(4)要客观公正地听每一节课。作为听课者要善于透过现象看本质,客观公正地听好每一节课,特别是在对被评价教师的比较中,要按照课程改革的要求及相关的教学要求,全面地去思考,克服片面性,防止被表面的一些东西迷惑。

(5)要对听课人员进行选择。听课的组织者要根据评比或考核的要求,选择那些政治素质好、工作责任心强、业务水平高、有一定经验和威望的人员负责听课。

(三)观摩型听课

观摩型听课是为了总结、推广、交流及学习教学经验和方法等而进行的听课活动。包括公开课、示范课、展示课等。

1. 观摩型听课的特点

(1)示范性。活动的组织者在通常情况下会将这种课作为典型、示范来看待。而且这类课一般是由优秀教师或某一方面有特色、有创新、有经验的教师上的课。

(2)推广性。在这种听课活动过程中,辅之以一定的形式和要求,帮助那些有经验、有特色的教师进一步提升教学层次。特别是课程改革过程中,将那些年富力强、有创新和活力、在实施新教材中取得一定成功的青年教师作为观摩的对象,推广他们先进的教学方法和教学经验等,进一步扩大他们的影响。

(3)学习性。任何听课都是一个学习过程,但在观摩类型的听课活动中,学习性的特点最突出。听课者的学习目的是十分明确的。

2. 观摩型听课的要求

(1)要端正学习的态度,认真地听和看。作为听课者,一定要态度端正,要虚心,要认真仔细地、全神贯注地去听和看,要认真地记录。即使课上得“很差”,也可以从中知道“差”的原因。

(2)要认真仔细地记录有特色、有创新的地方。听课者在听课过程中要特别将与众不同的地方记录下来,虽然与众不同的地方不一定都是成功的方法或经验,但从听课中发现不足和错误、思考其形成的原因、找到解决的方法,也是学习和提高。

(3)要与自己的课进行认真地比较分析。在听课过程中,听课者就可以比较性地思考一些问题,比如他为什么要这样处理教材、这个问题为什么可以那样理解、这样提出问题好不好、学生在这个地方为什么会出现学习困惑等。这时候思考问题的角度要尽可能小,要与自己的教学结合起来思考,并记录下来(此时的思考往往是创新的火花、自我提高的关键)。

在此基础上,我们制订了“教师听课‘八要’”和“文明听课‘五心’”。教师听课“八要”:①听课前,要有计划、有目的、有重点、有准备;②听课时,要抓住主要问题(教育、教学思想,方法、结构、实效);③听课时,要听人家的讲课艺术,发现其特点、特长、优势;④听课时,要认真记好听课笔记;⑤听课后要做归纳分类,分清优缺点;⑥听课后要及时与执教者交换意见;⑦听课后要检查对照自己;⑧听课要做到面广量多。文明听课“五心”:①诚心:听课教师要有诚意，怀有向他人学习的心态；②虚心：听课是教师虚心向他人学习的好机会好形式；③专心：集中精力听课，不做与听课无关的事情；④细心：要细心听，还要细心想，仔细揣摩；⑤公心：切忌带好恶偏见去评价别人的课，要公正客观。

三、提炼了中学数学评课需要关注的要点

1. 评教学目标

关注的要点：

(1)教学目标的制订是否依据《义务教育数学课程标准(2011年版)》和《中小学数学教学纲要》？

(2)教学目标是否体现三维目标的整体联系？目标的陈述是否具体描述学生通过数学课堂教学在基础知识和基本技能、数学能力，以及数学思维等方面应获得的发展要求？是否呈现知识发生发展的过程以及在过程中实现方法掌握、思想提高、能力培养和情感态度养成等方面的要求？

(3)教学目标是否符合学生的认知发展水平和心理特征？是否具有数学的特点和符合学生的实际水平？

2. 评教学内容

关注的要点：

(1)本节课是否反映了学生学习数学知识的本质、地位？与相关知识之间内在的逻辑关系是否清晰？

(2)对学生必须掌握的数学概念、原理、法则、公式等结构性分析是否置于核心地位？对选择、运用与数学知识紧密相关的典型材料是否恰当？对教学的重点是否突出？对难点是否考虑如何突破和实现了突破？

(3)是否采取重新组织教材内容，使之更符合学生的数学学习的实际？

(4)是否围绕数学知识的本质及逻辑关系，有计划地设置问题系列，使学生得到数学思维的训练？

3. 评教学实施

关注的要点：

（1）是否正确反映教学目标的要求，重点突出，把主要精力放在关键性问题的解决上？是否注重层次、结构，张弛有度，循序渐进？

（2）是否注重建立数学新知识与已有的相关知识的实质性联系，保持数学知识的连贯性、思想方法的一致性？

（3）易错、易混淆的数学概念或问题是否有计划地复现和纠正，使知识得到螺旋式的巩固和提高？

（4）是否在学生思维最近发展区内提出问题系列，使学生能面对适度的学习困难，激发学生的学习兴趣，启发全体学生，开展独立思考，提高学生数学思维的参与度，引导学生探究和理解数学本质，建立相关数学知识的联系？

（5）是否有计划、有层次地设计练习，使练习具有合适的梯度，并且有意义和实效？

（6）运用反馈调节机制是否恰当，能否根据课堂教学实际适时调整教学进程，提供学生反思学习过程的机会？

（7）能否引导学生对照学习目标检查学习效果，有针对性地解决学生遇到的学习困难？

4. 评教学资源

（1）能否根据教学的特点以及学生的需要，恰当选择和运用教学媒体，有效整合教学资源，揭示数学知识的发生、发展过程及其本质，帮助学生正确理解数学知识，发展数学思维？

（2）信息技术的使用是否遵循必要性、有效性、平衡性、合理性等？

（3）对数学课堂教学中即时发生的“意外”情况，能否及时关注并生成新的数学课堂教学资源？

5. 评教学效果

关注的要点：

（1）在数学课堂教学中，学生学习数学的主动性、积极性和参与性是否充分地体现？

（2）是否使每一个学生都在已有的基础上，在落实“四基”，以及发展数学能力和思维品质等方面得到一定的体现，并在学习的准确性、速度和质量三方面完成教学目标所设定的要求？

6. 评专业素养

关注的要点：

（1）数学素养。是否能准确把握数学的概念、原理，正确理解数学内容所反映的数学思想方法和数学的本质，是否能把握数学知识内在的联系。教学过程中是否有科学性错误、知识性纰漏和常识性差错？

（2）教学素养。是否能准确把握学生数学学习心理，有效激发学生的数学学习兴趣；能否根据学生的思维发展水平进行多种形式的教学方式，贯彻启发式教学思想；对学生数学学习活动指导的“度”是否能恰当把握，是否具有良好的教学组织和随机应变的能力？

（3）教学基本功。主要包括：①语言是否科学正确、言简意赅、丰富流畅、富有感染力？②板书是否正确、工整、美观，重点是否突出，设计是否有整体性，格式是否规范？③技术运用是否熟练，能否借助多媒体等技术进行数学课堂辅助教学，使用的辅助教学工具有效甚至具有不可替代性，确能促进学生的数学课堂学习？是否能规范运用传统工具作出有关图形？④教态是否自然大方，和蔼可亲，富有激情，具有亲和力？

四、提出了如何有效开展听评课的方法

为充分发挥听评课的功能，实现听评课的教育价值，听评课亟待专业化。建议从以下几个方面入手。

1. 改进管理方式，增强听评课管理的实效性

当前听课、评课只有制度层面上的要求，缺少管理过程的细化和优化，从

而导致教师主动参与的积极性不高。鉴于此，管理者应注意以下两个方面：一方面要从改变烦琐的“常规”做起，给教师留出自主成长的时间和空间。尤其是青年教师，要有足够的时间去听课、评课。第二个方面要加强对听课和评课的管理。一是学校组织全体教师听课，邀请专家和有经验的教师参与评课，从方法到内容上给教师起到“引路”作用；二是学校管理人员要积极参与听课、评课，提高自己的业务能力和水平；三是对评课的过程要优化，要有备而来、有感而发，教者和听者能够互动交流；四是听课、评课要有主次，选好典型，有点有面，以免造成听课、评课的盲目性。把握好从引导到监督、控制、考核等整个管理过程，使听课评课真正成为提高教师专业发展的有效手段。

一节课的质量如何，我们通常从四个方面关注，即学生学得怎么样？教师教得怎么样？是数学课吗？体现什么样的课堂？由此形成了4个维度16个视角。

维度	视角	观察点举例
教学准备	(1)目标全面恰当；(2)教材把握准确	如“教材把握”中的“使用材料是否科学恰当，学习的重难点是否适当清楚？课程资源开发是否全面？利用的是否合理？”
教师活动	(3)讲授清楚；(4)问题明确；(5)活动有效；(6)反馈及时；(7)调控得当；(8)方法适当；(9)作业适量	如“反馈及时”中的“学生的学习自信心如何？学生对学科的兴趣和爱好如何？学生知识结构的形成是否实现？”
学生活动	(10)参与面广；(11)思维活跃；(12)知识掌握	如“参与面广”中的“学生是否热切响应教师的期待？学生参与学习活动的兴趣是否浓厚？”
基本素养和课堂文化	(13)语言与教态；(14)板书与教具；(15)创新与思考；(16)民主与关爱	如“板书与教具”中的“板书是否清晰、合理？教具使用是否合理、有效？”

根据这一基本思想和我市教学实际，我们依据马鞍山市《典型课例听课与评课评价表》，从4个维度评价课堂教与学(见附录2)。

2. 诉求教育理论观照，提高听评课品质

评课属于输出系统或表达系统，是评课者学识、素养的外现，是评课者在已有知识储备背景下对教学现场的一种观照与反思。只有以先进的科学理论作指导,听评课才能站在一个比较高的起点,才能提高其听评课的科学性和实效性。可以说,听评课者的教育教学理论素养有多高,其所提问题的水平和听评课的品质就有多高,其教育教学理论功底有多深,其对授课教师的教学、学生学习的把握与洞察就有多深。倘若没有必要的教育教学理论储备与素养,其听评课或许是“盲人摸象”甚至是“庸医疗患”。这就意味着教师的听评课需要教育教学理论的观照,这就要求听评课者具有丰富的教学阅历和听评课经历,通过案例累计和行动反思,初步构建个性化的评课观,从而提高听评课品质。那么,如何提高当前听评课中的专业含量?我们在实验中的做法就是:(1)教师除了备课、上课、辅导以外,需要多读书,丰富教育教学理论;(2)需要重视对听评课的研究,把它放在与上课同样重要的地位来研究,以建构更丰富的知识基础;(3)需要对教师进行专门的教育或理论培训,使教师成为不仅是一个会上课的人,也是一个会听评课的“内行”人。

3. 遵循“以学论教”的原则,转变评价视角

“以学论教”是现代课堂教学评价的指导思想,也是我们评价课堂教学的一个新视角。“教与学在教学过程中是不可剥离、相互锁定的有机整体,是一个‘单位’,而不是由‘教’与‘学’两个单位相加而成。”它告诉我们:评价教学成败最重要的标准应是学生的学习效果。听评课者应从关注“如何教”转向关注“如何学”,从关注“教得怎样”转向关注“学得怎样”。一堂课的优劣不仅要看教师的发挥、教学任务是否完成、教学环节是否完整、教学方法是否得当,更要看学生的主体地位是否得到充分的体现,学生是否学得轻松、学得自主,学生有没有“学会”、是不是“会学”。具体来说,“听评课应着重关注学生的情感状态(是否有适度的紧张感、愉悦感等)、参与状态(学习是否主动、回答问题和发表意见的广度与程度等)、交往状态(教师与学生、学生与学生之间信息交流和互动的情况等)与思维状态(学生发现问题、提出问题、探索问题的能力及其所提问题是否具有独创性和挑战性等)等方面。”简言之,就是要将课堂教学中教

师的教学行为以及学生的学习行为都纳入到观察的视野中来。这种评价视点的转变是教师实现听课评课专业化的一个基本前提[3]。

4. 带着问题进课堂，强化问题意识

当前听评课深陷“去专业化”的泥沼，其根本原因在于无问题意识。可以说，无问题意识的听评课除了完成他人指定的任务外，就难以发现值得研究的问题、值得借鉴的经验和值得汲取的教训，就难以与听评课教师、授课教师的发展对接、关联在一起，从而丧失了教师发展的宝贵资源。因此，带着问题进课堂，就意味着要用一种研究的心态来把握和运用它。而研究的最大特点就是要有真问题，要分析与解决真问题。这就需要“凡是引起你的注意的，甚至引起你一些模糊的猜想的每一个事实，你都要把它记入记事簿里。”“这种问题意识，其实也就是对教育科研的具体方向的意识，对教育科研现场的具体信息或问题敏捷的发现和捕捉的意识。”所以，听评课者一定要强化问题意识，带着要解决的问题走进课堂，带着发现的新问题走出课堂，形成新的想法，使自己的思考更为深入，在问题解决过程中提升自身的专业素质。带着问题进课堂，还意味着“心”进，即不仅看、听与问，而且还要想、思与省，能够由人及己，将自己置身于授课教师的教学情境中去思考，设想如果自己来上这堂课，会怎么上？这样的听评课不仅让自己“浸入”特定的教学情境，把听评别人的课转化为对自己教学的观照，促使自己对教育教学的理解，还会使听课之后的评课成为一种心平气和的教学分析，能够有效地规避评课的“假、大、空、费”之弊病，使自己的评课之言富有真情实感，让教学评议在分享彼此的思考、经验、观点和情感时变成一种心心相印的倾诉和激励，真正地实现听评课的教育价值。

教师是一种专业化发展越来越强的职业，需要终身学习。听评课给教师提供了一个反思、整理和创新的时空。应该大力开展听评课活动，鼓励和倡导教师做好课堂观察和研究分析，改进教学方法，提升职业技能，最终为提高教学质量服务。

五、听评课活动促进了中青年教师的专业成长

课题组在四年八个学期中,组织了大量的听评课活动,主要通过下面三种路径来促进中青年教师的专业成长。

(1)构建以合作为基础的数学教师团队文化。要使听课、评课改变一定程度上存在着的盲目性、业余性、消极性的弊端,关键是要构建起以合作为基础的教师团队文化圈。我们以学校为单位开展校内公开课的评课活动,以核心成员为团队开展市级公开课的评课活动。运用四维评价模式对校级、市级公开课进行点评,点评之后要求主讲教师写出课例分析,促进评价者和被评价者共同成长。

(2)创立可行的听课评课运行机制。首先,是理论研究,我们依据安徽省优质课评价标准,按观察点设置出定量评价与定性评价相结合的课堂教学评价表。其次,是实践研究,我们按计划开展同课异构活动、互惠教研活动、优质课评比活动,每一活动按“课前会议—赛课—课后会议”既定程序进行。再次,通过这一实践活动,我们反思理论研究部分,从而在这一理论与实践的互动过程中构建起一整套听课评课范式,并形成课题研究的物化成果。事实证明,这是一整套行之有效的听评课活动运行机制。

(3)一以贯之地推行听课评课活动。四年来,我们按上述程序经常性开展同课异构活动、互惠教研活动、优质课评比活动,取得优化听评课范式促进教师专业成长的效果。我们要求授课教师和听课教师在活动的当周即分别写好实录和案例,促进教师树立精品意识,增强教研能力。

四年来,在省特级教师胡学平、市学科带头人刘义杰、何鸣、司擎天等的引领下,一批中青年教师在听评课活动中成长起来。课题组成员何玉宝、金成分别在2011年、2013年的全省青年教师优质课评比中获一等奖,何玉宝、胡习璋、葛家荣、王志华等老师荣获市级骨干教师称号。

四年来,通过课题研究的开展,课题组及子课题组获得了以下荣誉与

成果：

(1)集体荣誉与成果。主要包括：

马鞍山市外国语学校在马鞍山市第七届教科研成果评比中，其数学课题获市级一等奖；当涂县大陇初中在马鞍山市第七届教科研成果评比中，其数学课题获市级二等奖；花山区市实验中学在马鞍山市第七届教科研成果评比中，其数学课题获市级三等奖；马鞍山市红星中学在马鞍山市第七届教科研成果评比中，获教科研先进集体称号；马鞍山市第二十二中学在马鞍山市第七届教科研成果评比中，获教科研先进集体称号。

(2)个人荣誉与成果。主要包括：

四年八个学期，包括花山区的市实验中学、当涂县大陇初中的子课题在内，课题组成员都能做到每学期在校内听课、评课不少于10节，参与校级公开课不少于1节；课题组负责人或核心成员参与市级公开课的点评，四年来累计约131节；课题组成员积极撰写研究论文，其中市级以上获奖47篇(不含子课题)，有17篇分别在全国、省、市级刊物上发表(不含子课题)；课题组有两名成员在省优质课评比中获一等奖，有一名成员在全国优质课评比中获二等奖。

◆问题与反思

1. 存在的问题

(1)问题之一：课题组成员大都是中青年教师，学校中的骨干力量，繁忙的教学任务、管理任务使教师无暇深入学习理论，因而听课、评课的盲目性还存在。

(2)问题之二：升学压力使教师不敢进行教学实验和创新，教师把教学实践上升到经验的水平有待提升。

(3)问题之三：教学方法、学习方法的不断创新，评价方式如何适应？

2. 思考和设想

(1)推动教师增强课题研究意识，在日常教学的每个环节中寻找问题，使课题研究、教师专业成长与日常教学工作融为一体,形成教学与研究两结合、双并进的模式。

(2)不断适应新的教学方法、学习方法,与时俱进,创新评价方式。

(3)增加材料意识,提高反思能力,提升写作水平,积极参与各类评比活动。

参考文献

[1]B.A.苏霍姆林斯基.给教师的建议[M].杜殿坤,译.北京:教育科学出版社,1984:165-171.

[2]沈毅,崔允漷.课堂观察:走向专业的听评课[M].上海:华东师范大学出版社,2008:108-118.

[3]陈大伟.怎样观课议课[M].成都:四川教育出版社,2006:56-63.

刘义杰(马鞍山市教育局教科院)

胡学平(马鞍山市第二十二中学)

附 录 2

马鞍山市中学数学典型课例听课与评课四维评价表

典型课例听课与评课评价表(维度一:教学准备)

授课人		年级与班级	
课　题		课　型	
评价参考要点	(1)目标全面恰当:注重课程目标在教学中的有机统一,引导学生健康发展。注重教与学的统一,教学要求具体,符合课程标准和学生学习实际。 (2)教材把握准确:“用教材”科学恰当,学习的重难点适当清楚。注意课程资源的全面开发与合理利用。		
你的评价			

评价人:　　　　　　　　　　　　评价时间:

典型课例听课与评课评价表(维度二:教师活动)

授课人		年级与班级	
课　题		课　型	
评价参考要点	(3)讲授清楚:内容讲授科学,语言准确精炼,时间适当合理。板书运用能引导学生深入理解知识,完善知识结构。 (4)问题明确:引导学生将学习精力集中在教学重点与难点上,激发学生积极思考,努力促进学生提升对知识的理解能力和对问题的解决能力。 (5)活动有效:结合学习任务、角色及互动关系,创设适合学生进行自主、合作或探究的学习情境,引导学生在活动中学习知识、学会方法,深化对正确的情感、态度和价值观的感受。 (6)反馈及时:积极的即时评价能培养学生对学科的兴趣和爱好,增强学习自信心;能引导学生辨别正误,深化认识,逐步形成知识结构。 (7)调控得当:能关注学生的学习经验和即时学习状况,及时调整教学安排,激发学习的潜力、积极性和创造性。 (8)方法适当:选用的教学手段、教学形式能促进学生积极参与,有助于学生突破学习难点,掌握学习重点,提高学习效率。 (9)作业适量:练习难度和数量适当,要求明确具体,对不同程度的学生有切合实际的要求。		
你的评价			

评价人:　　　　　　　　　　　　评价时间:

典型课例听课与评课评价表(维度三:学生活动)

授课人		年级与班级	
课　题		课　型	
评价参考要点	(10)参与面广:积极响应教师的热切期待,参与学习活动兴趣浓厚。不同层次的学生都能充满自信,积极进取,获得学习成功的体验。 (11)思维活跃:主动参与教学活动,能够独立思考,勇于质疑并发表自己的见解。对知识的形成过程体验充分,结论领悟深刻,受到正确的情感、态度和价值观的熏陶。 (12)知识掌握:大多数学生能够较完整、准确地解释、表述所学的知识,能够运用所学知识及方法解决相关问题,培养并巩固良好的行为习惯和科学的学习方法。		
你的评价			

评价人:　　　　　　　　　　　　评价时间:

典型课例听课与评课评价表(维度四:基本素养和课堂文化)

授课人		年级与班级	
课　题		课　型	
评价参考要点	(13)语言与教态:语言精炼、生动,教态自然、亲切。 (14)板书与教具:板书清晰、合理,教具使用合理、有效。 (15)创新与思考:教学方法有创新,能激发学生思考。 (16)民主与关爱:课堂气氛民主、和谐,关心爱护每一个学生。		
你的评价			

评价人:　　　　　　　　　　　　评价时间:

后 记

听评课是教研活动的一个重要形式，也是提高教师专业水准的重要手段，还是学校管理者或教研部门对教学进行诊断、评估的重要方式。

2009年秋，我们与一批市学科带头人商议，可否把平常的听评课活动作为一项课题来研究，使听评课活动上升为研究教学的重要方式，并带点“专业味”，这样就能把教科研工作真正落实在教研活动中。很快，我们的想法得到了一批同仁的支持和参与。2009年12月，“中学数学听课与评课案例研究”获马鞍山市教育科学规划办批准立项，并列为专项课题；2010年2月举行开题仪式，通过专家组论证后正式启动。2010年，该课题又获安徽省教育科学规划课题立项（项目编号：JG10306）。

至2014年4月21日该课题顺利结题，研究长达四年时间。期间，我们编印了12期简报，把四年来老师们的省市级优秀案例、获奖论文、发表论文和其他研究成果均纳入其中。2016年初，安徽师范大学数学计算机科学学院郭要红教授鼓励我们把重要成果整理出版，供中小学教师学习参考，于是又经过近四个月的努力，这本书终于撰写完成。

本书前三章内容是我们对听课与评课的理解和认识，是我们在开展听评课过程中大家的所思所想。安徽省特级教师司擎天老师、马鞍山市学科带头人何鸣老师、方勇老师、葛家荣老师和谷至民老师等协助参与了这部分文字的整理和撰写工作。本书第四章是课题研究的重要成果之一，阐述了四年来我们开展听评课活动所使用的评价工具。市学科带头人汪宗兴老师、省特级教师司擎天老师、市骨干教师吴宗标老师和倪兴隆老师等协助参与了本章文字的整理和撰写工作。第五章展示了七个研究课例，是我们从众多课例中精选出来的，授课教师均是马鞍山市中学数学教学骨干，课例评析的初稿撰写人都是市优秀教师，他们分别是何玉宝、吴金娟、李秋荣、张超、李文君、汪冰、谷至民、汪宗兴等。

本书即将付梓，这里要特别感谢以上提到的各位老师的支持和帮助，同时还要感谢马鞍山市教育科学研究院梅立新副院长、刘决生老师以及当涂县教研室刘烈华主任在课题研究中提供的帮助。感谢安徽师范大学数学计算机科学学院郭要红教授提出的很多很好的建议，感谢安徽师范大学出版社及编辑的鼎力支持。当然，还要感谢我们的家人全心全意的支持。需要感谢的专家、同仁还有很多，这里不再一一列举。在此，谨向所有关心帮助过我们的诸位表示由衷的敬意与诚挚的谢忱！

胡学平　刘义杰

二〇一六年五月二十日